MW01596664

Edificando Correctamente

**DR. VÍCTOR M. SANABRIA LUCIANO,
ERIC FONTÁNEZ, ISRAEL BARRETO,
GLENN J. WILSON, ARNALDO GINÉS**

PRESS

Edificando Correctamente
por Dr. Víctor M. Sanabria Luciano, Eric Fontánez, Israel
Barreto, Glenn J. Wilson, Arnaldo Ginés

Impreso en los Estados Unidos

ISBN 9781626976597

Web: www.victorsanabria.com
Revisado y edición por: Rex Meléndez, Pedro Morales y
Priscilla Sanabria
Fotos: Jonathan Berríos
Diseño de portada: GiftedGraphics

www.xulonpress.com

DEDICATORIA

Dedicamos este libro a unas mujeres muy especiales, nuestras esposas, sin cuyo apoyo nuestros ministerios serian un fracaso: Priscilla Sanabria, Brunilda Fontánez, Maribel Wilson, Jesenia Barreto, y Janet Rodríguez de Ginés. Ellas son nuestra fuerza e inspiración. Ningún ministerio podrá ser exitoso si el ministro no cuenta con la ayuda de su cónyuge.

AGRADECIMIENTOS

L os autores queremos agradecer a las siguientes personas por su apoyo y ayuda a través de los años y en la realización de este trabajo:

Víctor M. Sanabria agradece al Dr. Pedro Morales, Nino L. Carrasquillo, José Domenech, Alex y Dora Ruiz, Luis y Michelle Feliciano, y Louis Almodóvar - un hombre con el corazón de oro.

Eric Fontánez agradece a su madre, Rita Fontánez, y a la Iglesia Fuente de Vida en Newark New Jersey.

Israel Barreto agradece a sus padres, reverendos Aurelio y Elizabeth Barreto.

Arnaldo Ginés agradece a su padre, reverendo Salvador Ginés, al Pastor Rex Meléndez y a sus hijos espirituales de la Iglesia Pacto Eterno de Dios.

Glenn J. Wilson quiere agradecer a los Pastores Esteban y Sharon Anderson, Pastores Héctor y Raquel Salguero y Pastores Luis y Jenny Santiago - por ser obedientes a Dios y llegar a ser parte del proceso divino en su vida.

Prologo

El rey David le dijo a su hijo Salomón en Proverbios 4:7, "Sabiduría ante todo; adquiere sabiduría; y sobre todas tus posesiones adquiere inteligencia." Dos cosas son importantes en este verso: 1) La palabra inteligencia significa discernir, y discernir quiere decir distinguir. Nunca podremos distinguir lo que es erróneo de lo que es correcto si no adquirimos inteligencia primero, 2) La palabra adquiere nos recuerda que la inteligencia no viene por si sola; nosotros debemos ir a buscarla.

Creo que estamos viviendo en un tiempo en que se habla mucho pero se estudia poco, y se repite lo que otros dicen en lugar de leer lo que Dios ha escrito. Afortunadamente, el libro que usted tiene en sus manos es una rara excepción, porque es un libro que habla basándose sólidamente en La Biblia. "Edificando Correctamente" le permitirá conocer como Dios diseño y configuro el ministerio quíntuple – Apóstoles, Profetas, Evangelistas, Pastores y

Maestros – y como El desea que este se relacione con Su iglesia.

Pero "Edificando Correctamente" es mas que una obra literaria o académica. Es la colaboración de cinco mentes con un solo enfoque: plasmar en su texto el extenso trabajo de cinco hombres y compartir sus experiencias practicas en los campos del Señor con aquellos que tienen o aspiran a uno o mas de esos cinco ministerios. Las enseñanzas en este libro explican los múltiples errores que se han cometido con el ministerio quíntuple a través del tiempo y, con sencillez y claridad, indican el orden que Dios desea en Su reino y en su gobierno eclesiástico.

"Edificando Correctamente" explora individualmente cada uno de los cinco dones ministeriales, así como también en forma corporativa. En sus paginas, un don tras otro es desmenuzado precepto por precepto y palabra por palabra. Cada uno de los cinco escritores trae una perspectiva bíblica y propia que nunca va contraria a la intención original de Dios. Sin duda este libro aclarara toda discrepancia y derrumbara errores transmitidos de boca-en-boca a lo largo de cientos de años.

Se me otorgo el privilegio de leer este libro antes de su publicación y encontré que hay cosas sobre el ministerio quíntuple que nunca pensé o me enseñaron. Definitivamente, estos cinco hombres están viviendo lo que hablan y, con su trabajo, están dejándonos un legado de gobierno y orden eclesiástico con el grado de excelencia que Dios demanda. En palabras simples, "Edificando Correctamente" me ha hecho mas consciente en esforzarme por entender algo que debe ser aprendido y vivido. Abraham Lincoln dijo en una ocasión: "Si tengo ocho horas para cortar un árbol, paso seis afilando mi hacha." Pase usted tiempo con este libro y con estos cinco autores. Permítase usted ser formado y afilado; no se arrepentirá, ni tampoco su ministerio.

Profeta Nino L. Carrasquillo
Fundador del Ministerio Vino Nuevo, Florida

ÍNDICE

INTRODUCCIÓN

A través de los años, Dios me ha permitido ser participe de un sinnúmero de congresos y conferencias apostólicas y proféticas, tanto en los Estados Unidos como en el Caribe y Sur América. En estos eventos, por lo general, encuentro algo en común: se habla del ministerio quíntuple pero sus conferencistas son solamente apóstoles y profetas; es decir, no incluyen al evangelista, ni al pastor, ni al maestro.

Esto me ha llevado a reflexionar y a concluir que, el trabajo de establecer y hacer funcionar el reino correctamente no se podrá llevar a cabo, si estos últimos tres no están presentes. La razón es clara y sencilla: Jesús instituyo cinco especialidades en este oficio porque las cinco se necesitan en la preparación de los santos para la obra del reino. Todos los ministerios son necesarios; ninguno ha sido excluido del trabajo de edificación.

Hace algún tiempo, Dios hablo a mi corazón para organizar una convocación que reuniera las cinco oficinas ministeriales. Fue allí que nació M.U.P.E.C., cuyas siglas significan: Ministerios Unidos Para Edificar El Cuerpo. En esa primera convocación, cada oficina fue representada por hombres que ejercen su función en ellas con un alto grado de excelencia. Estos son hombres que han realizado su oficio por largos años y van dejando tras ellos un legado de servicio, honor, dignidad y testimonio.

Luego de ver el impacto que ocasiono este evento en la vida de los participantes, le pareció bien al Señor y a nosotros escribir un libro que ayudara a clarificar la función correcta de cada una de las cinco oficinas. Consideramos que es una de las mejores maneras de aportar al ministerio quíntuple en estos tiempos. Sin duda hay buenos ministros funcionando en oficinas equivocadas por falta de conocimiento e información. Otros luchan por entender a cual oficina fueron llamados y como poder ejercer su trabajo productiva y efectivamente.

Ninguno de los que hemos colaborado este proyecto intentamos obtener o pretendemos tener todas las respuestas. Lo que si creemos con convicción es en la necesidad de compartir con otros lo que hemos aprendido a través de los años que hemos trabajado en nuestros ministerios. Es nuestro primordial y ferviente deseo encender una luz de revelación que, aunque relativamente pequeña, ilumine el túnel de la investigación y exploración del ministerio quíntuple.

Así como los arqueólogos remueven escombros hasta encontrar objetos que revelan verdades antiguas, así invitamos al lector a excavar, indagar y explorar más profundamente hasta encontrar las riquezas que encierran estas cinco oficinas. Esos tesoros antiguos pertenecen también a la iglesia de nuestro tiempo. Para ella fueron reservados y entregados por Jesús. El ministerio quíntuple funciono en los días de la iglesia primitiva y aún está en función en la iglesia de este siglo. Por tanto, le invito a que poniendo como fundamentó esos principios antiguos "Edifiquemos Correctamente".

Apóstol Víctor M. Sanabria
Ministerio apostólico M.U.P.E.C.
www.victorsanabria.com

CAPITULO 1

LA OFICINA DEL APOSTOL

BIOGRAFÍA

APÓSTOL VICTOR M
SANABRIA LUCIANO

El Apóstol, Dr. Víctor M. Sanabria es natural de Adjuntas, Puerto Rico. Acepto a Jesús como su Salvador en el año 1975 en la ciudad de Paterson NJ. Después de recibir los principios bíblicos y bautizado en las aguas comenzó a predicar la Palabra de Dios a los 15 años de edad.

El Dr. Sanabria junto a su esposa, Priscilla, pastorearon en Boston Massachusetts, Bridgeport Connecticut y fundaron la Iglesia Fuente de Vida Inc. en la ciudad de Newark NJ, USA. Fueron ungidos al apostolado Agosto 2005.

Es felizmente casado con Priscilla Marrero por mas de 31 años tienen dos hijos, Victor Jr. y Priscilla Esther, su yerna Jennifer, yerno Jonathan y dos nietas.

Posee un Doctorado en Ministerios otorgado por "Visión International University", y un Doctorado en Teología de "La Universidad Cristiana", ramal en New Jersey, Presidente Rev. Dr. Peter Ramos. El Dr. Sanabria es miembro del Cuerpo de Regentes de La Universidad Cristiana y profesor de la misma.

Actualmente, viaja el mundo predicando y dictando conferencias en congresos, eventos e iglesias.

El Dr. Sanabria es maestro, autor, orador, conferencista internacional con un fuerte llamado a mentorear pastores y ministerios. Es autor de los libros "Hijos de La Piedra" y "Tomando El Toro Por Los Cuernos".

21

Capítulo 1

La Oficina Del Apóstol

"Y a unos puso Dios en la iglesia, primeramente apóstoles, luego profetas, lo tercer maestros, luego los que hacen milagros, después los que sanan, los que ayudan, los que administran, los que tienen el don de lenguas." (1 Corintios 12:28)

Aunque se ha hablado mucho sobre el ministerio apostólico, quisiera hacer mi aportación con respecto al mismo. Mis frecuentes viajes dentro y fuera de los Estado Unidos de América me permiten conocer y compartir con diferentes ministerios de la iglesia de hoy y, francamente, la forma como algunos líderes han hecho la transición de pastores para ahora llamarse Apóstoles es preocupante.

No es mi intención ofender o poner en tela de juicio a aquellos que verdaderamente lo son; mi deseo es compartir observaciones tomadas no solo de mi propia experiencia, sino más aun, de Las Sagradas Escrituras. Mi preocupación por el desenfreno de muchos en llegar a la oficina apostólica y el mal uso y abuso de la misma, me lleva a hacer esta intervención. Espero sea para traer alguna luz o ayuda sobre el uso apropiado de esta oficina, en la cual Dios ha colocado hombres y mujeres para servir al Cuerpo de Cristo.

La oficina apostólica se puede definir enfocando la etimología de la palabra "apóstol." La palabra apóstol viene del griego apóstolos, que significa "Enviado." Por tanto, un apóstol es un delegado, mensajero, embajador o agente personal. Es importante notar que es un mensajero con un objetivo o propósito en particular.

Fue Jesús quien por primera vez introdujo este término para llamar a los hombres que El eligió para que estuvieran con El. Notamos que estos hombres fueron: 1) llamados, 2) discipulados, 3) capacitados y, luego, 4) comisionados. Después de haber pasado por este proceso, vemos que Jesús hizo una impartición sobre ellos, para luego enviarlos a anunciar y a establecer su reino. (Lucas 6:13) Como Jesús probablemente hablaba hebreo o arameo, en vez de griego, es posible que la palabra que El uso fue shaliach, que sería lo mismo que apóstolos. Esta sería la palabra común usada por Jesús y sus primeros seguidores cuando se referían a los apóstoles.

Están Ordenados de Acuerdo a Su Función

Cuando Pablo dice en 2 de Corintios 12:28, *". . .primeramente apóstoles, luego profetas, lo tercer maestros,. . ."* no se está refiriendo al orden jerárquico de los ministerios, sino más bien al orden lógico de las funciones que esas oficinas desarrollan. Es decir, los términos son ordinales. La palabra "primeramente" viene del griego próton (primero) que se refiere a orden o importancia funcional. Los otros números mencionados, deuterón (segundo) y tritón (tercero) indican que estos dones están intencionalmente puestos en esas posiciones, y no al azar. Aquí, protón da a entender que los apóstoles son los primeros en orden de secuencia.

El Propósito De Los Cinco Ministerios

"Y él mismo constituyó a unos, apóstoles; a otros, profetas; a otros, evangelistas; a otros, pastores y maestros, a fin de perfeccionar a los santos para la obra del ministerio, para la edificación del cuerpo de Cristo hasta que todos lleguemos a la unidad de la fe y del conocimiento del Hijo de Dios, a un varón perfecto, a la medida de la estatura de la plenitud de Cristo. Para que ya no seamos

niños fluctuantes, llevados por doquiera de todo viento de doctrina, por estratagema de hombres que para engañar emplean con astucia las artimañas del error." (Efesios 4:11)

Este pasaje nos indica que los cinco ministerios han sido dados a la iglesia con el fin de perfeccionar a los santos para la obra del ministerio, para capacitarlos y así puedan ejercer un ministerio eficaz, capaz de edificar el Cuerpo de Cristo. Estas cinco oficinas trabajando en conjunto producen crecimiento y madurez. Complementándose mutuamente, los cinco ministerios ayudan a que los cristianos pasen de niños que cambian fácilmente de parecer, a crecer sólidamente hasta llegar a la estatura de Cristo. El trabajo del ministerio quíntuple estará completo cuando todos vivamos en unidad, edificándonos y creciendo. Cuando la iglesia toda se parezca a Cristo.

La declaración en Efesios 4:16, *". . . de quien todo el cuerpo, bien concentrado y unido entre sí por todas las coyunturas que se ayudan mutuamente, según la actividad propia de cada miembro, recibe su crecimiento para ir edificándose en amor,"* habla de que cada ministerio tiene un trabajo único, pero no independiente de los otros cuatro; puesto que "todas las coyunturas" están – por definición – ligadas, tienen que ayudarse mutuamente, ya que el trabajo o el propósito de su existencia es el beneficio del Cuerpo de Cristo: la iglesia. Los ministerios no están hechos para competir entre ellos, sino para trabajar "según la actividad propia de cada miembro. . .," para que la iglesia pueda cumplir el propósito de Dios. Por sobre todos los objetivos individuales de los ministerios, su objetivo global es servir a Dios y su iglesia.

Los Cinco Ministerios en El Antiguo Testamento

Como se dijo anteriormente, Jesús fue el que hizo uso por primera vez del título apóstol para referirse a los hombres que escogió para que fueran parte de su círculo íntimo. Ahora bien, si observamos detenidamente encontraremos que el titulo de apóstol, aunque no fue usado en el Antiguo Testamento, es obvio que el oficio o ministerio si fue llevado a cabo por algunos hombres de Dios. Esto no debe extrañarnos, puesto que Jesús mismo aludió al ministerio apostólico y al profético trabajando en unidad en el Antiguo Testamento: *"Por eso la sabiduría de Dios también dijo: Les enviaré profetas y apóstoles; y de ellos, a unos matarán y a otros perseguirán."* (Lucas 11:49) Como ejemplo de un solo oficio en acción podríamos poner a Abraham en una función apostólica, cuando fue separado y enviado a restablecer aquella forma de adoración al Dios verdadero que práctico Abel, el cual de seguro fue enseñado por sus padres.

Un ejemplo de dos ministerios trabajando juntos seria Moisés en su papel de apóstol, cuando fue enviado a libertar a un pueblo con la ayuda del ministerio profético de Aaron y María (Oseas 12:13; Miqueas 6:4). Y si es evidente que Moisés y Aaron fueron los llamados a poner el fundamento del Antiguo Pacto, también lo es que Jesús, operando igualmente bajo el antiguo pacto, dio comienzo a su ministerio apostólico como enviado del Padre con la ayuda del profeta Juan el Bautista. Dicho de otra manera, el Apóstol y el Profeta del Antiguo Pacto, Moisés y Aaron, fueron llamados para liberar a un Pueblo e introducirlo a una nueva tierra de abundancia. Y el Apóstol y el Profeta del Nuevo Pacto, Jesús y Juan, fueron llamados para establecer el fundamento del Reino. Juan y Jesús fueron los primeros dos en predicar sobre el reino de los cielos.

La unión de Jesús y Juan como apóstol y profeta, respectivamente, constituye un modelo a seguir por todos los líderes de la iglesia hoy en día, ya que muestra la necesidad que tenemos de varios ministerios para llevar acabo el desarrollo vital y saludable del Cuerpo.

Cuando Dios quiso introducir un Nuevo Pacto con mejores promesas escogió a Su hijo, Jesús, y al profeta Juan el Bautista, para dar comienzo a ese trabajo. Aunque Jesús es el autor y consumador de la fe y Su obra de redención fue ya consumada, nos ha hecho copartícipes juntamente con él en el establecimiento de su reino. La relación entre el Apóstol y Profeta es fundamental para la unidad y el avance del Reino, puesto que Jesús y Juan ambos tenían la vocación de anunciar la venida del Reino de los cielos.

La relación entre el Profeta Juan y el Apóstol Jesús comenzó aun antes de que estos nacieran. María, que tenía a Jesús en su vientre, se conectó con Elisabet la madre de Juan. Esto representa a una iglesia con el ministerio profético y otra con un ministerio apostólico unidos en una casa. Cuando Elisabet, que cargaba lo profético, y María, que cargaba lo apostólico, se unieron en la misma casa bajo un mismo techo, el Espíritu Santo se manifestó. Dice la tradición que Elisabet no había sentido la criatura moverse en su vientre por seis meses, pero cuando llego el Apóstol a la casa, el ministerio profético, que parecía estar muerto, comenzó a moverse y fue lleno del Espíritu. Una de las funciones de lo apostólico es impartir vida a lo profético. El primer encuentro de Jesús y Juan fue necesario como confirmación de la llegada de lo apostólico y lo profético.

El Reino, El Apóstol y El Profeta

En el segundo encuentro entre Juan y Jesús, en el río Jordán, el profeta confirma el ministerio apostólico y este - a su vez - le da razón de ser a lo profético. Una iglesia que no opera con mentalidad de Reino seguramente no entenderá la relación del Apóstol y el Profeta. Sin embargo, si estudiamos cuidadosamente Lucas 3:21, es imposible no notar la energía que resulta cuando estos dos ministerios se encuentran y actúan simultáneamente:

"Aconteció que cuando todo el pueblo se bautizaba, también Jesús fue bautizado; y orando, el cielo se abrió, 22 y descendió el Espíritu Santo sobre él en forma corporal, como paloma, y vino una voz del cielo que decía: Tú eres mi Hijo amado; en ti tengo complacencia."

Notemos como la unión de los dos ministerios resulta en algo más poderoso que la suma del poder individual de cada ministerio, Específicamente, cuando Juan, el Profeta, se une a Jesús, el Apóstol, en las aguas del Jordan ocurren tres cosas:

Los Cielos Se Abren

Hay algo poderoso que sucede en los cielos cuando el Profeta y el Apóstol comienzan a trabajar juntos para establecer el fundamento del Reino. Hay una dimensión de lo sobrenatural que se abre y se derrama cuando estos dos ministerios se unen.

El Espíritu Santo Desciende en Forma de Paloma

Hay una manifestación del Espíritu reservada especialmente para la unión de lo Profético y lo

Apostólico. Esta es la primera vez que en el Nuevo Testamento vemos al Espíritu Santo tomando una morada corporal. Así como toda paloma busca un nido donde habitar, así también el Espíritu Santo busca una iglesia que crea en lo apostólico y profético, para hacer allí su nido.

La Voz del Padre Habla Desde El Cielo

Esta es la primera vez en el Nuevo Testamento que el Padre habla. Y, si el Padre habla al ver la unión de ambos ministerios, se entiende que la desunión entre lo apostólico y lo profético hace que la voz del Padre se silencie en los cielos.

¿Deberían de Haber Apóstoles Hoy?

"Y él mismo constituyó a unos, apóstoles; a otros, profetas; a otros, evangelistas; a otros, pastores y maestros, a fin de perfeccionar a los santos para la obra del ministerio, para la edificación del cuerpo de Cristo, hasta que todos lleguemos a la unidad de la fe y del conocimiento del Hijo de Dios, a un varón perfecto, a la medida de la estatura de la plenitud de Cristo; para que ya no seamos niños fluctuantes, llevados por doquiera de todo viento de doctrina, por estratagema de hombres que para engañar emplean con astucia las artimañas del error, sino que siguiendo la verdad en amor, crezcamos en

todo en aquel que es la cabeza, esto es, Cristo, de quien todo el cuerpo, bien concertado y unido entre sí por todas las coyunturas que se ayudan mutuamente, según la actividad propia de cada miembro, recibe su crecimiento para ir edificándose en amor." (Efesios 4:1 – énfasis del autor)

La preposición "hasta" denota el término de un tiempo o acciones, habla de un plazo de tiempo. En otras palabras, los apóstoles junto a los profetas, evangelistas, pastores y maestros estarán en función "hasta que todos lleguemos a la unidad de la fe y del conocimiento del Hijo de Dios, a un varón perfecto, a la medida de la estatura de la plenitud de Cristo." Mientras la iglesia no haya alcanzado esa estatura y plenitud, necesitara del ministerio quíntuple para que le ayude a desarrollarse.

Los apóstoles siempre han estado con nosotros, aunque haya quienes no lo han querido reconocer. Podríamos decir que a muchos de los que tradicionalmente se les llamaba misioneros, eran hombres y mujeres trabajando en una función apostólica.

El nuevo Testamento hace mención de la palabra "apóstol" 74 veces, muchas veces más que cualquier otro título. Entonces, podríamos concluir que Jesús sabía muy bien lo que hacía cuando empleo este título para referirse al grupo de hombres que selecciono para que fueran parte de su círculo íntimo.

Diferentes Apóstoles

No todos los apóstoles son iguales o han sido llamados para operar en las mismas esferas. Hay diferentes esferas o áreas de autoridad designadas para cada apóstol. La diversidad es lo que los hace más efectivos y productivos en el reino.

Los apóstoles se mueven bajo un manto de autoridad que es reconocido y respetado por aquellos que son parte de su esfera apostólica. Como sabemos, Pablo era reconocido por las iglesias que estaban bajo su manto apostólico. Colosas, Éfeso, Corinto, Tesalónica y Filipos, entre otras, eran ciudades o áreas de autoridad espiritual que le habían sido confiadas a Pablo. Por otro lado, a Pedro se le asigno, el Ponto, Bitinia, Galacia, y Capadocia.

Esto es importante saberlo para ser más efectivos en el trabajo apostólico. Un ministro no puede entrar por la fuerza a lugares o áreas que no están bajo su asignación apostólica. Un apóstol debe ser lo suficientemente sabio para reconocer a otros apóstoles y respetar su trabajo y territorio de autoridad.

Hay apóstoles asignados para localidades, para ciudades, naciones o países. Una ciudad o nación debe tener varios apóstoles que trabajen en diferentes esferas o asignaciones apostólicas pero en unidad. Un solo apóstol no puede cargar con toda la responsabilidad de una nación. A un apóstol Dios puede confiarle las comunicaciones, a otro las artes, a otro el gobierno, a otro los empresarios, a otro el trabajo comunitario, a otro la educación, etc. Recordemos que un apóstol es un "enviado." Por tanto, es una persona a la cual Dios ha dado un llamado y una instrucción especifica en un área de influencia. No es correcto limitar el ministerio apostólico dentro de las cuatro paredes de un edificio. Fuimos llamados y elegidos por Dios para impactar todas las áreas de las naciones.

Es bueno saber que el que vela por las puertas de la ciudad no es el pastor sino el apóstol. Dios, en Su soberanía, revela al apóstol Su propósito para una ciudad y luego usa a Sus profetas para que lo manifiesten (Amós 3:7). El apóstol escribe el plano que contiene instrucciones detalladas de cómo llevar acabo el trabajo, y el pastor lo ejecuta. Podemos entenderlo mejor de la siguiente forma: Un arquitecto (Apóstol) ve en su mente el edificio terminado y escribe los planos para su construcción. El ingeniero (Profeta) lee y traduce los planos. El contratista (Evangelista) busca los trabajadores. El gerente (Pastor) vela por la salud, los beneficios y el desarrollo de los trabajadores. Y el instructor (Maestro) capacita a los trabajadores para que hagan bien el trabajo.

Acordemos entonces que no todos los apóstoles son iguales o fluyen en la misma forma. La diversidad en ellos les hace ser más efectivos en su trabajo en el Cuerpo de Cristo. Lo diverso los hace ser mutuamente complementarios, como lo indica Pablo en 1 Corintios 12:4-6: *"Ahora bien, hay diversidad de dones, pero el Espíritu es el mismo. Y hay diversidad de ministerios, pero el Señor es el mismo. Y hay diversidad de operaciones, pero Dios, que hace todas las cosas en todos, es el mismo."*

Como ejemplo de diversidad podríamos usar a Santiago. Santiago es un apóstol del que quizá no se hable tan a menudo, pero su intervención fue muy necesaria cuando los primeros líderes de la iglesia discutían, en el primer concilio en Jerusalén, el futuro de los gentiles que estaban abrazando la fe.

Santiago hizo posible la reunión de diferentes apóstoles en un lugar para poder discutir esta situación. Es probable que si otro apóstol, como Pablo, Pedro o Juan, hubieran convocado la reunión, muchos no habrían asistido, pues el desacuerdo entre ellos impedía que la iglesia acordara que cambios debía implementar para acomodar a los gentiles que se convertían al cristianismo. Santiago, sin embargo, gozaba de la confianza y el respeto de los demás apóstoles para poder llevar a cabo esa reunión tan necesaria. Luego de discutir entre ellos lo que se debería hacer - o no hacer - con los nuevos creyentes gentiles,

Santiago uso su autoridad apostólica para establecer lo siguiente: *"Por lo cual yo juzgo que no se inquiete a los gentiles que se convierten a Dios, sino que se les escriba que se aparten de las contaminaciones de los ídolos, de fornicación, de ahogado y de sangre."* (Hechos 15:19-20) Esto demuestra la diferencia de actuar y de la influencia que existe entre uno y otro apóstol: No todos tienen la misma área de influencia o se les ha otorgado el mismo tipo de trabajo.

Un peligro que hay que tener presente en todo momento es que, si Satanás logra causar peleas entre los apóstoles, sea por territorio o esferas de influencia, ninguno de ellos será de provecho al Cuerpo de Cristo. Al contrario, serán de detrimento al mismo. Es necesario e imperativo que, en lugar de pelear entre sí, estos colaboren y luchen juntos por alcanzar mayor territorio y ganancias para el reino. Si un apóstol ayuda a su compañero a triunfar o a ensanchar su área de influencia, el Cuerpo recibirá mayor beneficio. El éxito de un apóstol es el éxito de toda la iglesia. Nuestro deseo debe ser servir.

El apóstol tiene un corazón de siervo. . .

Todo verdadero apóstol debe tener un corazón de siervo. Su máximo deseo debe ser servir a Cristo y a las Iglesias bajo su jurisdicción. Este no debe buscar su propio provecho, ni mucho menos usar su influencia o su manto apostólico para manipular o sacar beneficio de sus hermanos. Cualquier recompensa que este pudiera recibir seria basada en el servicio desinteresado que ofrece a la iglesia. Un verdadero apóstol no exige que lo reconozcan o lo honren; para él o ella, la mayor honra es servir. La honra viene cuando se sirve bien a la congregación, pues los creyentes sin duda verán y respetaran el manto apostólico de un hombre o mujer que se entrega a su llamado. La honra no se exige, se gana con el buen servicio.

Nace La Iglesia

El Libro de los Hechos nos deja saber solamente una parte de la historia de aquella iglesia que empezó a funcionar como tal en el aposento alto, luego de ser llena del Espíritu Santo, el día de Pentecostés. No fue la intención del escritor darnos toda la historia de la iglesia, porque esta historia no ha llegado a su fin - aun hoy en día, esta historia se sigue escribiendo.

La iglesia, por supuesto, nació en el momento en que Jesús rompió fuente en el quirófano llamado cruz y, como le sucedió al primer Adán, su costado fue abierto para dar paso al nacimiento de ella (Juan 19:34). Ese cuerpo, que nació en el calvario, recibió el Espíritu de vida el día de Pentecostés. Fue allí también que la iglesia se convirtió, como el primer hombre, en un organismo o ser viviente.

Sabemos que Adán había sido creado como un ser espiritual primeramente, y luego colocado dentro de un cuerpo físico formado por la mano de Dios. Cuando nació la iglesia, esta dejo de ser un deseo o pensamiento en la mente de Dios y se convirtió en un cuerpo dentro del cual mora Su Espíritu, y a la cual se le da la autoridad de llevar acabo todo lo que el hombre, Adán, no pudo hacer. Es la iglesia entonces a la que le corresponde implementar la cultura del cielo en la tierra. Ese reino, del cual Cristo hablo y el cual vino a revelar y a establecer, debe ser la forma de vida de todo creyente. Como iglesia, debemos continuar lo que nuestro Salvador comenzó: el establecimiento del reino de Dios en la tierra.

La Iglesia Primitiva

La iglesia primitiva era, en su mayoría, compuesta de judíos que habían aceptado la llegada del Mesías prometido. Ellos no se veían como una nueva fe o religión, sino que se sentían participantes del cumplimiento de las promesas hechas a sus padres. Sin embargo, el resto de la nación judía se mantenía en espera del Mesías que la iglesia primitiva anunciaba. Cuando los nuevos creyentes compartían su fe, lo que hacían era invitar a los gentiles a ser parte de la familia de Abraham por la fe, ya que por la carne no podían serlo. Después de un tiempo, la iglesia comenzó a tener aceptación a pesar de algunas oposiciones. Esto llevo a los primeros creyentes a olvidar la gran comisión y, por ello, fueron sujetos a persecuciones que los esparcieron en gran manera. La persecución judía contra la iglesia no disminuyo con el paso de los años. Al contrario, los ataques aumentaron aun mas de parte del imperio romano y sus cesares.

Un Poco De Historia

Muchos de los cristianos que huyeron llegaron a Roma y comenzaron a compartir su nueva fe, tanto con los judíos como con los gentiles que vivían allí. El 18 de Julio del año 64, Roma se incendio. Este siniestro duro siete días y siete noches; después, la ciudad volvió a incendiarse durante tres días más en diferentes áreas. Diez de los catorce barrios de la ciudad fueron consumidos por las llamas. El pueblo sospecho que Nerón, quien era el emperador para aquel entonces, era el culpable. Queriendo evadir culpabilidad, el emperador culpo a los cristianos, ya que dos de los barrios donde las llamas no habían hecho daño eran las zonas de la ciudad donde más judíos y cristianos vivían. Esto desato una terrible persecución contra los cristianos que duro todo el tiempo de su reinado.

Después de la muerte de Nerón vino un alivio para los cristianos y no fueron perseguidos por un tiempo. Cuando surgió Domiciano como emperador, ya casi a fines de su gobierno, se reanudo la persecución. Marco Aurelio, Septimio Severo, Decio y Diocleciano también se encuentran entre los emperadores que desataron persecuciones contra la iglesia. Fue hasta cuando Constantino llego al poder que la iglesia comenzó a respirar aires de tranquilidad porque la persecución contra ella ceso.

Las enseñanzas que Jesús les impartió a Sus apóstoles fueron pasando de generación a generación hasta mucho tiempo después de la muerte de estos. Algunos enemigos, como los gnósticos, ponían en tela de juicio las enseñanzas de algunos de ellos, diciendo que solo a uno u otro apóstol Jesús le dio la verdadera revelación (gnosis). Esto ocasiono problemas en medio de la iglesia, pues se les pedía a los obispos o líderes que demostraran que eran sucesores de los apóstoles. Ante los argumentos de los que se oponían, en cuanto a que sus enseñanzas se basaban en los secretos o revelaciones de tal o cual apóstol, la iglesia apelo a la doctrina universal de todos los apóstoles. Fue así que la iglesia del siglo segundo comenzó a llamarse "católica," pues la palabra "católica" quiere decir universal o "según el todo." En lugar de basar su autoridad en uno u otro apóstol, la iglesia la basaría, de allí en adelante, sobre las enseñanzas de todos los apóstoles.

Cuando el emperador Graciano rechazó el título y rito de iniciación de Pontifex Maximus que le correspondía a él, por ser el emperador romano de turno, el puesto quedó vacante y fue tomado por el obispo romano Dámaso. Dámaso duró poco tiempo oficiando como Pontifex Maximus, ya que el emperador Graciano rechazó el nombramiento en el año 382 y Dámaso murió en 384.

Aproximadamente sesenta años después de Dámaso apareció el Papa León I (440-461), quien ocupa un lugar importante en la historia de los papas, pues llevó – teóricamente - la doctrina de la primacía del papado lo más lejos posible. Estos cambios en la iglesia remplazaron la oficina apostólica y dieron surgimiento a los papas y sacerdotes que por muchos cientos de años monopolizaron la dirección de la iglesia.

Después que la reforma de Martín Lutero abrió la puerta de la libertad a los cristianos que se separaron de la iglesia católica, surgieron pastores como equivalentes a los sacerdotes católicos. Por esa razón a través de los tiempos, ha sido más fácil aceptar el ministerio pastoral, el cual ha estado con nosotros por aproximadamente 500 años, que el ministerio apostólico. Aun ya con La Reforma establecida y en marcha, los hombres que ejercían el apostolado continuaron sin reconocimiento oficial por largo tiempo. Esa es también la razón por lo cual es preferible para la iglesia moderna aceptar a los pastores y poner resistencia a los apóstoles. No obstante, el ministerio apostólico esta en vigencia a pesar de la resistencia u oposición de algunos.

Cuidado Con Las Promociones Prematuras

En cuanto a las oficinas ministeriales, se corre un gran peligro cuando alguien se asigna a sí mismo una promoción antes de tiempo. En primer lugar, no es correcto la auto-promoción de nivel; otra persona en autoridad es el que promueve (Hechos 13:1-3). Por ejemplo, fue el Ángel el que promovió a Jacob de suplantador a príncipe de Dios, o el que lucha con Dios. La promoción debe ser basada en: tiempo, experiencia y méritos:

Tiempo ¿Que tiempo se lleva ejerciendo la posición actual? El tiempo es el maestro que enseña disciplina, enseña a llegar temprano, a hacer el trabajo con la mejor disponibilidad, a apreciar las oportunidades que se presentan y a amar lo que se hace.

Experiencia- ¿Cuánto se ha aprendido en la posición o nivel actual? Sin duda, mientras se aprende a hacer un buen trabajo se experimenta mucha presión. Tener experiencia significa haber aprendido lo que funciona y lo que no funciona en cada área o situación. La experiencia nos enseña como tratar diferentes situaciones. De lo contrario, trataremos todas las situaciones y a todas las personas de la misma forma, esperando el mismo resultado. La experiencia enseña cuando actuar y cuando esperar, cuando hablar y cuando callar. . .

Méritos- ¿Que méritos se han obtenido, que se ha alcanzado o logrado en los niveles o trabajos anteriores? ¿En cuántos departamentos, iglesias y posiciones se ha funcionado eficazmente? ¿Qué se fundó y permanece todavía? ¿Quien puede dar testimonio de lo que hemos hecho? ¿En cuántas guerras hemos estado y cuántos soldados hemos rescatado? ¿Donde están nuestras medallas, nuestras condecoraciones? Estas son preguntas que deben ser contestadas por alguien que pretende ser digno de una promoción. Tal aspirante debe mostrar sus trofeos, premios, certificados, diplomas o algo que de testimonio de su persona y su capacidad. De lo contrario, una promoción prematura puede resultar en la pérdida de un ministerio que pudo haber sido de gran bendición a la iglesia de Cristo.

El Manto Apostólico

El Apóstol enfrentara batallas, situaciones y fuerzas demoníacas diferentes a los otros ministerios por causa del manto que carga. Los profetas, evangelistas, pastores y maestros enfrentan su propia oposición y tienen el respaldo que ha sido asignado a ellos. Ahora bien, tanto los ángeles como los demonios se mueven bajo autoridad. Por lo tanto, ellos no pueden asistir o atacar a una persona que no es de su rango espiritual.

Si nos promovemos a nosotros mismos, subiremos a un nivel en el cual no tendremos la asistencia angelical que vamos a necesitar a esa altura. Habiendo llegado allí de forma incorrecta, no seremos reconocidos ni respetados en el rango que nos otorgamos ilegalmente, y nos será muy difícil o casi imposible funcionar eficazmente en ese nivel. En el mundo espiritual, hay razones por las cuales existe el orden y la autoridad. Es por eso que los ángeles tienen rangos de arcángeles, serafines y querubines, sin contar otras divisiones angelicales que son sin duda millares de millares.

De la misma forma, existen principados, potestades, gobernadores de las tinieblas, huestes espirituales y demonios. Cada ser espiritual tiene una posición y una asignación en particular. Cuando estamos en el nivel correcto podemos combatir estos seres espirituales, porque tenemos el apoyo y las armas adecuadas para ello.

Debemos entender que para cada nivel Dios tiene una manifestación especial de Su poder. Para cada dimensión tiene una unción. Para cada victoria una gloria. Por cada presión una posición y cada posición traerá una exaltación.

En las funciones del ministerio quíntuple podemos ver que: el Apóstol- gobierna, el Profeta-guía, el Evangelista- reúne, los pastores- cuidan y los maestros dan crecimiento.

La Necesidad De Cobertura Apostólica

Eliseo es un buen ejemplo de un profeta sin cobertura apostólica. La razón por la que no la tenía era que Elías, su padre apostólico, le había sido quitado. Veamos la narración de ello en 2 Reyes 2:23-24: *"Después subió de allí a Bet-el; y subiendo por el camino, salieron unos muchachos de la ciudad, y se burlaban de él, diciendo: ¡Calvo, sube! ¡Calvo, sube! Y mirando él atrás, los vio, y los maldijo en el nombre de Jehová. Y salieron dos osos del monte, y despedazaron de ellos a cuarenta y dos muchachos."*

Eliseo era un profeta que no podía soportar la crítica y, cuando los jóvenes lo delataron, los maldijo. Los jóvenes le estaban diciendo la verdad: "Profeta, no tienes cobertura sobre ti. Estas calvo." Como muchos profetas modernos, Eliseo pensó que no necesitaba consejo de nadie y termino maldiciendo y cortándole la vida a 42 jóvenes. Una generación de jóvenes, que pudieron llegar a ser parte de su escuela de profetas si él les hubiera dado oportunidad, fue cortada antes de tiempo. No importa lo poderoso que seamos como profetas, siempre necesitaremos de la mano apostólica que nos corrija y nos indique como proceder. La experiencia del apóstol ayudara a jóvenes ministros a ser más excelentes en su misión.

La lealtad debe ser el fundamento primordial de un hijo. . .

Por otro lado, existe un problema alarmante en el Cuerpo de Cristo y es el continuo cambio de coberturas apostólicas que estamos viendo en nuestros tiempos. Al hablar con algunos ministros hoy, nos informan que tiene cierta cobertura apostólica. Pasan algunos meses y, al preguntarle de nuevo, encontramos que han cambiado de autoridad espiritual. A veces, al oír a otro apóstol predicar o enseñar, se emocionan por la revelación de la palabra que trae y, olvidando su lealtad al primer apóstol, lo cambian por el que acaban de conocer, sin siquiera examinar el corazón o la vida del nuevo apóstol. Esto no se quedara ahí por mucho tiempo, pues en el momento que sepan de otro que sobrepasa en manifestación o unción al apóstol actual, también lo cambiaran.

Esto es, por supuesto, un grave error. Debemos entender que no solamente recibimos una impartición espiritual de nuestra cobertura apostólica; también su disciplina y su vida de dedicación pueden ser pasadas a nosotros. Así cómo recibimos de nuestros padres físicos sus genes naturales, así también recibiremos de nuestros padres espirituales sus genes espirituales. Aprendemos de ellos tanto sobré la necesidad de una vida de oración, como a ser personas de respeto, de palabra, de compromiso y, sobre todo, de integridad. Estas cosas son más importantes que la unción o los dones. Una persona íntegra es la misma en público y en privado, que hace lo que dice y cumple lo que promete.

Esto de cambiar cobertura apostólica parece no ser nuevo, pues Pablo lo menciona en 1 Corintios 4:15: *"Porque aunque tengáis diez mil ayos en Cristo, no tendréis muchos padres; pues en Cristo Jesús yo os engendré por medio del evangelio."* Le puede tomar mucho tiempo al lector encontrar e identificar su padre. Pero si aún no lo ha encontrado, no se desanime ni tampoco se apresure; cuidado con poner como su autoridad espiritual al primer "ayo" que encuentre en el camino.

En ocasiones, los ministros nos comportamos como los estudiantes jóvenes. Es decir, nos emocionamos con los maestros que tenemos en un nivel y pensamos que no encontraremos otro como ellos. Sin embargo, cuando cambiamos de nivel o de año escolar, encontramos a otro que pensamos es mucho mejor y decimos: "Este sí que es mi maestro preferido, este sí que sabe enseñar." Como tales estudiantes también tratamos las coberturas apostólicas; nos emocionamos con el maestro del momento y lo confundimos por padre - para luego cambiarlo por uno nuevo.

Cuando nos encontramos con nuestro padre espiritual, nuestro espíritu se une al de él. Como en el caso de María y Elisabeth, el encuentro provoca que nuestra criatura salte dentro de nosotros. Nuestro padre espiritual le dará dirección y razón a nuestra vida. El no nos manipulara sino que nos invitara a que, voluntariamente, le acompañemos a un nivel más alto - su deseo será que lleguemos a ser más excelente que el.

Un Niño Con Autoridad

En 2 Reyes 4:18 leemos: *"Cierto día, el niño, ya más grande, salió a ayudar a su padre en el trabajo con los cosechadores, 19 y de repente gritó: « ¡Me duele la cabeza! ¡Me duele la cabeza!». Su padre le dijo a uno de sus sirvientes: «Llévalo a casa, junto a su madre». 20 Entonces el sirviente lo llevó a su casa, y la madre lo sostuvo en su regazo; pero cerca del mediodía, el niño murió. 21 Ella lo subió y lo recostó sobre la cama del hombre de Dios; luego cerró la puerta y lo dejó allí."*

El padre de este niño era un sembrador, alguien que pensaba no solo en el tiempo presente sino también en el futuro - por eso sembraba. El día de cosechar el fruto de su trabajo había llegado y el, junto con otros segadores, estaban en el campo. Su hijo había venido para ayudarle a recoger los frutos, pero la presión del trabajo y el largo tiempo que fue expuesto a la luz del Sol le hicieron daño. Ante tanta presión el niño gritó: "¡Me duele la cabeza! ¡Me duele la cabeza!"

Si analizamos este episodio dentro del marco en que hemos venido estudiando lo apostólico, podríamos decir que lo que quería decir era: "Soy muy joven para tener tanta responsabilidad. Soy muy niño para tener tanta autoridad y tanta unción, y me duele la cabeza porque no se cómo tratar con esto que me pasa."

El niño fue a su padre para que este lo ayudara o por lo menos le explicara qué era lo que le estaba pasando, pero el padre no pudo. Este niño fue prematuramente expuesto a mucha luz solar, a mucha revelación. Esta nueva revelación, estos nuevos niveles, este nuevo movimiento era muy diferente a lo que él había aprendido en casa y no tenía una referencia o a alguien que le explicara lo que le sucedía. El padre espiritual, que es representado por el padre físico, no lo entendía. Esto hizo necesario tener que traer un padre ministerial representado por el profeta Eliseo. Podemos distinguir entonces que hay una diferencia entre un padre espiritual y un padre ministerial. El padre espiritual es aquel que nos gana para Cristo y nos enseña a dar los primeros pasos. El padre ministerial es aquel que nos da mentoria, que nos forma, que nos corrige y nos prepara para el ministerio.

De esta misma forma que el niño sufrió, así hay muchos buenos hombres y mujeres de Dios que están sufriendo por causa de la responsabilidad y las exigencias del ministerio apostólico que han asumido antes de tiempo. Quizás ellos nunca pensaron que sería tan difícil o quizás fueron presionados a asumir tal ministerio. Tal vez ellos pensaron que la promoción les daría mayor unción o una manifestación de lo sobrenatural más poderosa. Lejos de ser así, lamentablemente hoy se encuentran como la joven que menciona el Libro del Cantar de los Cantares, Capitulo 8, verso 8: *"Tenemos una pequeña hermana, que no tiene pechos; ¿Qué haremos a nuestra hermana cuando de ella se hablare?"*

La joven mencionada en este pasaje tiene un gran problema. No es que ella no pueda concebir, no es que ella no pueda tener hijos o reproducirse. Esta joven puede tener hijos pero no los puede mantener, no los puede amamantar, porque aun sus pechos no se han desarrollado. Tiene vientre pero no tiene pechos. Esto representa a un ministro sin pechos que no puede mantener, que no puede criar lo que ha dado a luz. Lo triste es que, si producimos algo pero no podemos mantenerlo, lo tendremos que dar en adopción. Otro criara nuestros hijos y los disfrutara. Otro vera crecer nuestros sueños y decidirá lo que será de ellos.

El Apóstol Como Padre Ministerial

Si no tenemos padres ministeriales cometeremos muchos errores y causaremos mucho daño al

Cuerpo de Cristo. Cuando se ausentan los padres ministeriales, alguien se ve forzado a tomar su lugar prematuramente e intentar formar a la próxima generación de ministros. Es penoso ver que muchos buenos hijos mueren por la presión de un ministerio antes de tiempo y por no tener padres ministeriales que los ayuden y los apoyen. Los que son presionados a tomar posiciones de padres a una temprana edad, por causa de la ausencia de padres, experimentaran una transición prematura y forzada que será muy difícil y causara mucho estrés en ellos, pues los obligara a madurar demasiado rápido.

Isaías 3:1 hace mención de que, cuando faltan verdaderos padres que se paren en la brecha, jóvenes inexpertos tomaran su lugar, solo porque saben vestir bien y tiene posesiones materiales:

"Porque he aquí que el Señor Jehová de los ejércitos quita de Jerusalén y de Judá al sustentador y al fuerte, todo sustento de pan y todo socorro de agua; 2 el valiente y el hombre de guerra, el juez y el profeta, el adivino y el anciano; 3 el capitán de cincuenta y el hombre de respeto, el consejero, el artífice excelente y el hábil orador. 4 Y les pondré jóvenes por príncipes, y muchachos serán sus señores. 5 Y el pueblo se hará violencia unos a otros, cada cual contra su vecino; el joven se levantará contra el anciano, y el villano contra el noble.

6 Cuando alguno tomare de la mano a su hermano, de la familia de su padre, y le dijere: Tú tienes vestido, tú serás nuestro príncipe, y toma en tus manos esta ruina;"

La capacidad de un padre ministerial no está en la ropa que usa, ni en el reloj que posee, ni en el carro que maneja, ni en los libros que ha escrito, sino en su corazón y su integridad. Nos hemos dejado impresionar muy fácilmente por las posiciones ministeriales de algunos hombres de Dios y queremos asociarnos con los que tienen más programas de TV, o más iglesias bajo su cobertura, o los que son más famosos, sin conocer la vida intima de ellos. Es posible que pongamos a muchachos como líderes sobre nosotros por andar en ese desenfreno. Necesitamos hombres y mujeres de Dios con corazón de padres, porque sin padres ministeriales, el enemigo destruirá la próxima generación de ministros, tal como lo vemos en Jeremías 9:21: *"Porque la muerte ha subido por nuestras ventanas, ha entrado en nuestros palacios, para exterminar a los niños de las calles, a los jóvenes de las plazas."*

Ahora bien, debemos entender que es posible que una persona joven dirija y asuma una posición de autoridad, siempre y cuando tenga a sus padres y mentores ayudándole. David pudo contra el León, el Oso y Goliat, pero necesito la ayuda de Samuel para poder enfrentarse a Saúl. (1Samuel 19)

El ministerio apostólico, que fue el primero que Jesús instituyo y es el último que está siendo restaurado. Los apóstoles han sido llamados, separados y equipados por Dios para una misión de suma importancia en la iglesia del siglo presente. Por lo tanto, la integridad y transparencia debe ser su vestimenta, el sacrificio y la dedicación su calzado, el amor y la entrega su casco y la autoridad y la verdad sus armas de lucha. Nunca antes ha sido más necesaria la función de esta oficina en la historia de la iglesia. Estamos conquistando nuevos territorios, alcanzando nuevos niveles y experimentando nuevas dimensiones - y necesitamos del ministerio apostólico para que nos dirija correctamente.

CAPITULO 2

LA OFICINA DEL PROFETA

BIOGRAFÍA

PROFETA ERIC FONTÁNEZ

E ric Fontánez nació en Newark New Jersey, hijo de Jaime y Rita Fontánez. Se reconcilio con el Señor en el 1998 en la Iglesia Fuente de Vida donde ministraba el Apóstol y Profeta José M. Domenech.

Su primer encuentro con lo profético fue en esta reunión. Pues allí recibe una palabra profética y de ciencia. Es instruido en las Escrituras, llevado a las aguas bautismales y comienza a destacarse como maestro y predicador. Dando Dios testimonio de su dedicación y llamado es ungido al pleno ministerio en Noviembre del 2003 por el presbiterio de la Iglesia Fuente de Vida Inc.

Eric esta casado con Brunilda, tienen dos hijos, Jeremy y Caleb Joshua y Briana Erica. En el 2010 asumen el pastorado general de la Iglesia Fuente de

Vida en Newark New Jersey ministerio que ejercen hasta el día presente.

Eric Fontánez posee una Maestría en Teología de La Universidad Cristiana, Ramal de New Jersey.

Eric ha viajado a diferentes países, tanto como a otros estados de la nación Americana para compartir el mensaje de salvación y restauración con una fuerte unción profética.

CAPÍTULO 2

LA OFICINA DEL PROFETA

La Iglesia de Jesucristo se encuentra en este momento bajo una transición Profética del Espíritu, y estos son tiempos gloriosos en los cuales el Señor mismo está levantando una generación nueva que anhela el movimiento Profético y fluir en el.

¿Porque Es Importante El Ministerio del Profeta?

Las Escrituras nos revelan que *"no hará nada Jehová el Señor, sin que revele su secreto a sus siervos los profetas."* (Amos 3:7) Quiere decir que los secretos de Jehová se saben a través del Ministerio Profético de estos tiempos.

Hay un movimiento fresco que la Iglesia de Jesucristo ha estado experimentando en estos últimos 20 años: el Ministerio Profético. El Profeta es la voz de

Dios para estos últimos tiempos, pero este ministerio Profético solamente es efectivo cuando se une a los otros ministerios que se mencionan en Efesios Capitulo 4. Jesús mismo constituyo a unos Apóstoles, Profetas, Evangelistas, Pastores y Maestros.

El ministerio del Profeta trabaja en equipo con el ministerio del Apóstol, y ambos se enfocan en establecer fundamentos (Efesios 2:20), siendo que el Profeta es uno de los que establecen el fundamento para la Iglesia de Cristo.

La palabra hebrea para Profeta es Nabí, la cual significa "El que ve, o vidente." Este término aparece más de 300 veces en la Biblia. El profeta es uno que puede ver la revelación pasada, presente y futura. Debemos entender que los profetas hablan de parte de Dios y no de ellos mismos. Los profetas no adivinan cosas para beneficiar al oyente, pues eso los convertiría en adivinos. Los profetas pueden hablar y traer revelación siempre y cuando el Señor se los permita.

Dentro del ministerio quíntuple, el profeta se menciona de segundo, de acuerdo a 1 Corintios 12:28, pero no es segundo en cuanto a importancia o jerarquía, sino en cuanto a su función. Funcionalmente, el Apóstol va de primero por cuanto el apóstol es el visionario, el iniciador de la visión. Luego, el profeta confirma a través de la profecía esa visión, lo que el Apóstol está viendo. Juntos, entonces, comienzan a establecer fundamentos basados en la visión que Dios ha dado.

En 1 Corintios 12:29, Pablo hace una pregunta: *"¿Son todos Profetas?"* La respuesta seria "no," puesto que no a todos se les ha otorgado el privilegio de declarar los oráculos de Dios. Entendiendo que todos pueden profetizar en diferentes grados, pero que no todos tienen el ministerio de profetas, debemos hoy, en una actitud de humildad, pedirle al Señor que devuelva el don del profeta a su Iglesia en forma extraordinaria.

Entendiendo Lo Profético

El lenguaje del Reino es el lenguaje profético. El cielo usa este lenguaje para comunicar a los hombres lo que ocurre y lo que ocurrirá en la tierra y en los cielos. Es necesario conocer este lenguaje si queremos estar al tanto de lo que sucede en el mundo espiritual. Lo profético nos mantiene informados y conectados. La palabra profética es como una anestesia que te ayuda a soportar las pruebas presentes.

El Espíritu de Profecía

En Apocalipsis 19:10 leemos: *"Yo me postré a sus pies para adorarle. Y él me dijo: Mira, no lo hagas; yo soy consiervo tuyo, y de tus hermanos que retienen el testimonio de Jesús.*

*Adora a Dios; porque el testimonio de Jesús
es el espíritu de la profecía."*

Cuando adoramos a Dios en espíritu y en verdad, el espíritu de profecía puede manifestarse en nuestros medios. Cuando eso sucede, cualquiera de los presentes, tomado por el espíritu de la profecía, puede declarar la palabra del Señor. Siendo ese el caso, es claro que el espíritu de profecía depende de una atmósfera para ser activado. Por tanto, las personas que fluyen el espíritu de profecía no pueden profetizar sin la atmósfera correcta. Y, por ende, las personas que profetizan bajo el espíritu de profecía siempre están limitadas a la atmósfera.

Esto nos deja entender que no todo el que profetiza bajo el espíritu de profecía es necesariamente un profeta de ministerio. El que así profetiza, lo hace bajo una unción corporal del espíritu de Cristo, que es el espíritu de la profecía. Este puede tomar a cualquier creyente y usarlo para traer una palabra de Dios a la iglesia, pero eso no lo hace profeta. Se puede decir que la profecía ha ocurrido por causa de la unción de Dios que se manifiesta en el pueblo. Lo que si es cierto es que, toda palabra dicha bajo el espíritu de profecía tiene que exaltar a Jesús y no al que está siendo usado para profetizar. De lo contrario, la palabra no es de Dios.

El Don de Profecía

1 Corintios 12:10 nos dice: *"A otro, el hacer milagros; a otro, profecía; a otro, discernimiento de espíritus; a otro, diversos géneros de lenguas; y a otro, interpretación de lenguas."*

En este pasaje vemos que el don de profecía es dado por el Espíritu Santo y puede ser activado por El, o provocado por la persona que lo posee. Por ejemplo, la intercesión es una forma en que una persona puede activar o provocar el don de profecía. Vemos entonces que la declaración del mensaje profético bajo el don de profecía es más fuerte que hablar bajo el espíritu de profecía, porque la persona que está hablando tiene ese don.

En contraste con el espíritu de profecía, el cual fluye de afuera (la atmosfera) hacia adentro (la persona), el don de profecía fluye desde adentro hacia afuera. El don es un regalo dado por el Espíritu Santo.

El Don de Profecía Es Dado Al Creyente Por Tres Razones

1 Corintios 14:3 nos enseña que los que hablan a nivel del don de profecía lo hacen para **edificar, exhortar y consolar,** los cuales significan lo siguiente:

- **Edificar- Confirmación, aumentar la Fe.**

- **Exhortar- Llamar cerca, invitar, animar a otros a una conducta admirable.**

- **Consolar- Impartir consuelo y fortaleza espiritual.**

Generalmente la profecía es dada verbalmente, pero puede darse también por medio de símbolos. Por ejemplo, cuando Jeremías tomo y quebró el barro (Jeremías 19:1, 10-11) y cuando Agabo tomo el cinto de Pablo y se ato de pies y manos (Hechos 21:10-11).

La Biblia es la perfecta palabra de Dios y no se le debe quitar ni añadir. De manera que, toda profecía que se dé debe estar en armonía con la palabra de Dios. Así mismo, los creyentes que tienen el don de profecía deberán moverse dentro de los límites para los cuales se les dio el don: exhortación, edificación y consolación. Los creyentes que intenten ir más allá de este campo sin estar propiamente equipados, lo cual viene por gracia, traerán confusión al Cuerpo de Cristo. Solamente los que son reconocidos por el liderazgo de la iglesia como Profetas tienen la autoridad de ir más allá de los límites de la edificación, exhortación y consolación.

El Ministerio del Profeta

"Y a unos puso Dios en la iglesia, primeramente apóstoles, luego profetas, lo tercero maestros,

luego los que hacen milagros, después los sanan, los que ayudan, los que administran, los que tienen don de lenguas." (1 Corintios 12:28)

Profetas

Hay tres términos hebreos de importancia para designar a los profetas; el más importante es Nabí, que se traduce "Profeta" y se deriva de una raíz que significa "anunciar." (Éxodo 7:1) Los otros dos términos mucho menos usados son Ro'eh en 2 Samuel 15:27 y Hozeh en 2 Crónicas 16:7, que significa "ver" y se traduce como "vidente." También encontramos un cuarto termino menos usado que es "Varón de Dios" (Ish Elohim), que significa que el profeta es escogido por Dios. En 1 Samuel 9:9 se menciona un cambio de "vidente" por "profeta."

El nivel más alto en el campo profético es el Ministerio del Profeta. Los profetas tendrán un mensaje más poderoso porque ellos hablan no solamente por el espíritu de profecía, por el don de profecía, sino también con la autoridad del Ministerio profético. Este campo de profeta es, por supuesto, más amplio que el don de profecía o el espíritu de profecía, puesto que el Profeta no necesita ni una atmósfera, ni provocar el don para profetizar. El profeta de ministerio profetiza por naturaleza divina.

"Antes que te formase en el vientre te conocí, y antes que nacieses te santifiqué, te di por profeta a las naciones." (Jeremías 1:5)

El llamado de Profeta sucede en la eternidad. No se puede estudiar para ser profeta, se tiene que nacer Profeta. "Te santifique" es una palabra que significa separado. El profeta no es escogido por los hombres para ser profeta; más bien Dios lo separa antes de que nazca para que lo sea. El Profeta no lucha por ser santo. Más bien es una persona cuyo oficio y ministerio lo obliga a vivir en una continua Santidad, porque la palabra profética depende de una vida de Santidad. Mientras más santo viva el profeta, más profunda será su operación en el ministerio Profético. "Por profeta a las naciones" quiere decir que el Profeta es llamado a impactar a Naciones. El que opera bajo el espíritu de profecía impacta personas, El que opera en el don de profecía impacta a la iglesia, pero el Ministerio de Profeta impacta Naciones.

"Mira que te he puesto en este día sobre naciones y sobre reinos, para arrancar y para destruir, para arruinar y para derribar, para edificar y para plantar." (Verso 10)

Luego de ser santificado, se le informa al profeta como llevar a cabo su misión. El ha sido apartado para: 1) arrancar, 2) destruir, 3) arruinar, 4) derribar, 5) edificar y 6) plantar. Se puede decir que tendría que hacer 4 cosas que parecen negativas y dos que parecen positivas.

El Ministerio del Profeta Tiene 6 Funciones

De acuerdo con la escritura, el profeta no podría edificar y plantar si primero no arrancara, destruyera, arruinara y derribara. Examinemos esos verbos más a fondo.

1. **Arrancar** viene del hebreo natásh y significa, entre otras cosas, "sacar por completo."

2. **Destruir** viene de shadád y significa, desolar, despojo, muerto.

3. **Arruinar** viene de abad y significa entre otras cosas; desaparecer, deshacer, exterminar.

4. **Derribar** viene de jarás que significa: tirar hacia abajo, romper, traspasar, trastornar.

5. **Edificar** viene de baná que significa: construir, poner cimientos, fabricar, fortificar, tener hijo, restaurar.

6. **Plantar** viene de natá que significa: afirmar, labrar, sembrar.

En estas declaraciones podemos ver en qué consistía el ministerio profético de Jeremías y también podemos aplicarlo a los profetas de este tiempo. El trabajo del profeta es sacar por completo del pueblo toda dependencia en ídolos o falsos dioses, sacar por completo toda falsa expectación que nos desvíe del propósito eterno de Dios. El profeta debe despojar y matar todo lo que nos aparta de Dios y de Su voluntad. El verdadero profeta esta ungido para hacer desaparecer, deshacer y exterminar todo argumento contrario a lo que Dios ha dicho. El profeta debe tirar hacia abajo y romper todo sistema o toda palabra que Dios no haya dicho y que esclaviza al pueblo.

Luego de esto, el profeta podrá construir, poner cimientos, fabricar, fortificar, tener hijos y dejar algo establecido. También podrá el profeta podrá afirmar, labrar y sembrar. En conclusión, una vez que todo lo negativo y lo que se opone al propósito original de Dios es quitado, destruido y arruinado, el profeta puede labrar los corazones del pueblo de Dios y sembrar la verdadera palabra profética en ellos y afirmarlos.

Los Profetas pueden ministrar bajo autoridad y ser reconocidos por el liderazgo de la iglesia. El Señor desea que todo se haga decentemente y en orden y es el liderazgo de la congregación (Pastores y Ancianos) el que aprueba a los verdaderos Profetas y hace callar a los falsos. Los dones espirituales y los oficios ministeriales deben ser puestos a prueba por el liderato de la congregación para ser aprobados o desaprobados. Esto evitara el mal uso y el abuso de los dones y oficios dados por el Espíritu a la iglesia.

¿Como Se Juzga A Una Profecía Y A Un Profeta?

Se juzga una profecía considerando el contenido de ella para determinar si es falso o verdadero. Del mismo modo se juzga a un Profeta por su calidad de vida, a fin de determinar si es falso o verdadero.

¿Cuales Son Los Verdaderos Profetas de Hoy?

Para conocer lo que es falso, primeramente se tiene que conocer lo que es verdadero. A menudo hemos escuchado a la gente decir "¡Cuidado con los profetas!" Esta declaración ha creado un temor hacia lo profético por causa de la ignorancia. Ciertamente los profetas tienden a ser un poco radicales en su formar de ministrar y de declarar la palabra de Dios, pero recordemos que esto fue la norma a través de los tiempos bíblicos - especialmente con todos los profetas sobresalientes. Por ejemplo, los profetas como Elías, Eliseo y Juan el Bautista eran un poco excéntricos en vestimenta y personalidad. Por tanto, el Profeta hoy en día no se debe juzgar por su apariencia, sino más bien por la palabra que declara con su boca.

Cuando un verdadero profeta se levanta delante del pueblo, sucederá lo que dice Lucas 7:16: *"Y todos tuvieron miedo, y glorificaban a Dios, diciendo: Un gran profeta se ha levantado entre nosotros; y: Dios ha visitado a su pueblo."*

El Verdadero Profeta Manifiesta Tres Cosas

Podemos observar tres cosas en los verdaderos profetas: 1) temor de Dios, 2) gloria de Dios y 3) visitación de Dios. Estas se refieren a lo siguiente:

Temor de Dios en el pueblo. El pueblo debe temer a Dios y temer al profeta, porque saben que este lleva una palabra divina de parte de Dios.

Gloria de Dios. El pueblo debe darle la Gloria a Dios e, igualmente, el profeta debe hacer manifiesta la Gloria de Dios sobre el pueblo.

Visitación de Dios. El verdadero movimiento profético trae una visitación de Dios sobre Su pueblo y, aun cuando el profeta sigue su camino, la visitación de Dios continua haciéndose presente en medio del pueblo.

Estas tres evidencias son la indicación de que un verdadero profeta ha llegado a la Iglesia.

Jesús es el modelo supremo de un verdadero profeta, tanto que se dijo de El: *"Este verdaderamente es el profeta que había de venir al mundo."* (Juan 6:14) El profeta se conoce porque llega en el momento apropiado y cuando mas una congregación lo necesita. Los profetas marcan la historia de las congregaciones que visitan.

Lo profético estaba en el Edén...

El ministerio del profeta y el don de profecía han existido desde la creación. Ya en Génesis 2:23 vemos a Adán fluyendo bajo el ministerio del profeta y el con don de profecía cuando declara su posición respecto al matrimonio.

Los profetas en las Escrituras vinieron a ser la voz de Dios para las presentes y futuras generaciones por medio de sus profecías infalibles. La mayoría de estos profetas no fueron usados en milagros; había profetas que solamente guiaban al pueblo. Los profetas de los milagros fueron Moisés, Elías, y Eliseo. Aun Juan el Bautista siendo el ultimo profeta del Antiguo Testamento nunca hizo un milagro. Sin embargo, Jesús dijo que, nacido de mujer, no había profeta más grande que Juan el Bautista. Juan llego a ser mayor que todos los otros profetas no por sus milagros, sino más bien por su fidelidad al llamado de Dios en su vida. Quizás Juan no manifestaba muchos dones de sanidad, pero si manifestaba mucho fruto de arrepentimiento. Juan siempre se mantuvo fiel predicando en el desierto hasta que llego su sucesor llamado Jesús de Nazaret. Aun cuando algunos discípulos de Juan se apartaron de sus reuniones para seguir a Jesús, Juan no se enojo ni manifestó celo. Juan estaba seguro de sí mismo y seguía bautizando a la gente en el río Jordán, mientras estos confesaban sus pecados.

En el Nuevo Testamento, el ministerio del profeta está sujeto al ministerio del Apóstol según 1 Corintios 12:28-29, aunque es un oficio distinto y separado. El ministerio del profeta esta unido al del Apóstol y ambos trabajan juntos para cumplir la voluntad de Dios en su pueblo. Debemos recordar que Jesús mismo escogió primero a los 12 Apóstoles que representarían el gobierno y el orden divino.

Aunque en el Antiguo Testamento el ministerio del Profeta era el primero y el más predominante, en el Nuevo Testamento el del Apóstol es el primero, por causa de su función y no necesariamente por posición jerárquica. Sin duda, el ministerio del profeta es esencial para la iglesia del Nuevo Testamento, siendo que había apóstoles y profetas en la Iglesia primitiva. Estos dos, juntos a los otros tres ministerios de ascensión - Evangelista, Pastor y Maestro - forman parte del ministerio quíntuple, en el cual cada uno tiene su propia función. Por ejemplo, el Apóstol es el iniciador de la visión que Dios está mostrando.

Luego, el Profeta acciona y confirma al pueblo la visión dada a través del Apóstol. El evangelista trabaja en traer gente que se conviertan a Cristo y trabajen en la visión. Después, el Pastor es el que se compromete con la visión y compromete al pueblo, pastoreándoles para que la visión se convierta en realidad. Finalmente, el Maestro viene a enseñar la visión de Dios, revelando los misterios de la palabra.

Cargando el Reino Por Dentro

Antes que el Reino se manifieste exteriormente, primero debe de manifestarse interiormente. En los pasajes que siguen Vemos como es el ministerio del Profeta que manifiesta y carga por dentro el Reino de Dios y como lo profético es lo que engendra y da a luz los Reyes del Reino.

"Dijo Jehová a Samuel: ¿Hasta cuándo llorarás a Saúl, habiéndolo yo desechado para que no reine sobre Israel? Llena tu cuerno de aceite, y ven, te enviaré a Isaí de Belén, porque de sus hijos me he provisto de rey. 2 Y dijo Samuel: ¿Cómo iré? Si Saúl lo supiera, me mataría. Jehová respondió: Toma contigo una becerra de la vacada, y di: A ofrecer sacrificio a Jehová he venido. 3 Y llama a Isaí al sacrificio, y yo te enseñaré lo que has de hacer; y me ungirás al que yo te dijere." (1 Samuel 16:1-3)

"Mientras ellos se iban, comenzó Jesús a decir de Juan a la gente: ¿Qué salisteis a ver al desierto? ¿Una caña sacudida por el viento? ¿O qué salisteis a ver? ¿A un hombre cubierto de vestiduras delicadas? He aquí, los que llevan vestiduras delicadas, en las casas de los reyes están. Pero ¿qué salisteis a ver? ¿A un profeta? Sí, os digo, y más que profeta. Porque éste es de quien está escrito: He aquí, yo envío mi mensajero delante de tu faz, El cual preparará tu camino delante de ti. De cierto os digo: Entre los que nacen de mujer no se ha levantado otro mayor que Juan el Bautista; pero el más pequeño en el reino de los cielos, mayor es que él. Desde los días de Juan el Bautista hasta ahora, el reino de los cielos sufre violencia, y los violentos lo arrebatan. Porque todos los profetas y la ley profetizaron hasta Juan." (Mateo 11:7-13)

Desde la caída de Adán hasta Noé hubo siete generaciones. Después del diluvio se manifiesto un nuevo orden en la tierra. Noé hallo gracia delante de Dios y se convirtió en el primer Patriarca. Ahora bien, un Patriarca es un padre, pero no solamente de hijos e hijas, sino padre de un sistema, de un movimiento o de una doctrina. Del linaje de Noé salió el segundo Patriarca, Abraham, quien se convirtió en nuestro patriarca: El patriarca de la Fe. De Abraham vino Isaac, de Isaac vino Jacob, y de Jacob salieron las doce tribus de Israel. Luego, Dios uso esas doce tribus para establecer el sistema fundamental sobre el cual el Reino de Dios seria formado.

¿Porque es doce el numero que Dios usa para establecer "gobierno" en el pueblo de Israel y doce los discípulos que Jesús escoge para establecer el Reino en Israel? Después de la esclavitud de Israel en Egipto, entro en acción el último Patriarca llamado Moisés. En Éxodo 17, en Refidim, es donde vemos el nacimiento de un sistema de Generales. Allí es donde se levanta un general llamado Josué que derrota al pueblo de Amalec.

Generales, Jueces y Reyes

Josué, el general, es diferente a Moisés en que Josué dirigió al pueblo de una manera diferente a como los patriarcas lo hicieron. Un padre tiende a ser más compasivo y simpático con las necesidades de sus hijos. Esa es la razón por lo cual encontramos a Moisés continuamente cubriendo a los hijos de Israel y poniéndose en la brecha por ellos, porque se compadece de su pasado de esclavitud. Pero Josué fue un líder diferente. El no tolero la desobediencia ni el anatema en el pueblo. Al contrario, Josué los dirigió en orden militar, disciplinados y circuncidados a la tierra prometida.

Después que Josué entro a poseer la tierra prometida y la entrego por herencia, no vemos a un sucesor que tome su lugar. La razón por lo cual no hubo un sucesor para Josué fue porque Dios estaba al punto de dar a luz el tercer sistema de gobierno llamado Los Jueces de Israel. Dios levanto un total de 15 Jueces para gobernar a Israel, pero el problema de todos ellos fue que solo interpretaban la ley, y carecían de poder y revelación.

Ese es el problema que sucede en nuestros tiempos, cuando existe en las iglesias el tipo de liderato que podríamos describir como "Sistema Jueces." Cuando tenemos líderes que, en lugar de ser pastores actúan como jueces, porque no tienen una nueva revelación de la palabra, estos solo sirven para interpretar la ley. Lo de ellos es establecer leyes, reglas, dogmas, rudimentos y cosas por el estilo. Tanto es así, que dice el Libro de Rut 1:1: *"Aconteció en los días que gobernaban los jueces, que hubo hambre en la tierra."* Líderes que son Jueces solo producen hambre en la tierra y guían a un pueblo que vive en escasez financiera, donde no hay revelación del Reino ni hay unción fresca.

Los Jueces produjeron hambre de la palabra (Amos 8:11) porque no tenían un espíritu de patriarca, de paternidad espiritual, y no produjeron hijos en el espíritu. De esto se deriva que los Jueces producen miembros de un sistema, mientras que los patriarcas producen hijos en el espíritu. Los Jueces también produjeron hambre porque intentaron dirigir al pueblo con su propia interpretación de la

Ley, ya que no tenían un espíritu de generales para dirigir con el orden que requería el Reino.

Los Jueces de hoy día producen dogmas, pero los generales modernos pelean para establecer el reino en contra los amalecitas de este tiempo. Fue en la temporada de los Jueces que se establecieron concilios de jueces para gobernar, pero esa temporada solamente fue establecida para producir una libertad temporal.

El Profeta Samuel

Ahora consideremos a Samuel, el cual fue el último de los Jueces y el primero en ejercer el cuarto sistema de gobierno: el de los Profetas. Samuel nació en un tiempo especial, en la temporada del sacerdote Elí. De Elí dice La Biblia que "estaba en un momento sentado y obeso," porque él vivió en un lugar o posición que representa comodidad. Esto debe de ser un aviso de admonición para no ponernos cómodos y dejar de producir en el Reino. Cuidado con ponernos gordos, como Eli, y caernos de nuestra silla descoyuntados espiritualmente; es decir con nuestra cabeza desconectada de nuestro cuerpo.

Samuel nació con voto de nazareo sobre si, lo cual significa que no pasaría navaja por su cabeza; esto representa que siempre tendría una cobertura espiritual. Como nazareo, tampoco podía beber vino, lo cual significa que no podía ser intoxicado por una viña ajena. Siendo que el vino representa doctrina, tengamos cuidado de no dejarnos intoxicar por vinos ajenos.

Samuel tuvo que ser separado para producir un vino nuevo. Hoy en día, Dios está levantando una generación de Reino que produce vino nuevo. Aunque no fue el primer profeta de la historia, porque hubo muchos profetas antes que él, Samuel fue el primer profeta de una nueva Era y Autoridad. El fue el primero de esa clase que no solamente cargaba una unción profética, sino también cargaba el Reino por dentro. Dentro de Samuel estaban atrapados dos reyes: el Rey Saúl y el Rey David.

Fue Samuel quien estableció el quinto gobierno: el de los reyes. Hoy en día, Dios necesita una generación profética que tengan reyes por dentro, porque es la unción y el ministerio profético el que manifiesta y desata el reino de Dios. A Jesús le preguntaron dónde estaba el reino y Jesús contesto: el reino de Dios está dentro de vosotros (Lucas 17:21).

Fue así como Samuel estableció un patrón de gobierno en cuanto a la función de los profetas. La función del profeta en el Reino es identificar a reyes. Son los profetas los que sacan a los Saules y a Davides de la casa de sus padres y los ungen como reyes. Son los profetas los que derraman unción sobre reyes y los desatan para que funcionen a un nivel más alto. Por tanto, nadie puede reinar sin que la unción profética caiga sobre su vida.

La función del Profeta no es solamente declarar el pasado y el futuro. Su función primordial es ungir de realeza a una generación. Así también, fue el profeta Elías que, bajo la unción, ungió a los reyes que gobernaron Israel (1 Reyes 15:17).

Por otro lado, es lamentablemente que en estos tiempos existan muchos profetas con unción de Elías. Elías representa el sistema que solamente prefiere hacer caer fuego del cielo, pero huye del rey Acab y de Jezabel. Es decir, el sistema de Elías no influencia o establece el Reino, solamente se esconde dentro de cuevas para pedir la muerte e ir al cielo lo mas antes posible. Pero hoy en día, Dios está levantando una nueva generación de profetas. Una generación que ungen a reyes, habitan en el palacio y no se esconden de las amenazas del gobierno terrenal.

Necesitamos profetas como Samuel, que cuando fue a Belén los ancianos le tuvieron miedo (1 Samuel 16:4). Hoy en día lo que tenemos es mucho espectáculo profético, mientras la necesidad requiere profetas que identifiquen reyes y den a luz el Reino de Dios. Definitivamente, necesitamos Profetas que estremezcan naciones, profetas que le digan a Herodes: *"Esa mujer no es tuya."* (Mateo 14:3-4).

Deuteronomio 34:10 dice: *"Y nunca más se levantó profeta en Israel como Moisés, que hablara con Dios cara a cara."* Pero Jesús dijo que, nacido de mujer no había mayor que Juan, y Juan era profeta. Ahora bien, si Jesús dice que había uno mayor que Moisés y ese era Juan, ¿porque fue mayor Juan si nunca hizo un milagro y no escribió un solo libro de la Biblia? Pues, porque al igual que Moisés, Juan vio y hablo con Dios cara a cara: Jesús que es Dios encarnado.

Juan fue mayor que Moisés, porque Moisés solamente cargaba un linaje sacerdotal sobre él; en cambio Juan cargo dentro de él al Mesías, espiritualmente hablando. No fue hasta que Juan señalo a Jesús como el Cordero de Dios que quita el pecado del mundo, que Jesús pudo establecer el Reino. Juan entonces identifico el Rey en Jesús, pero no lo ungió con aceite sino con agua cuando lo bautizo. Juan no pudo ungirlo con aceite porque ello representaría el reino del Antiguo Testamento. Lo ungió más bien con agua, la cual representa el reino del Nuevo Pacto. Recordemos que el aceite en el Antiguo Testamento representaba el Espíritu Santo, pero en el Nuevo Testamento, el Espíritu es representado por el agua. Por tanto, cuando Jesús salió del agua, descendió el Espíritu Santo como Paloma sobre El. Juan fue mayor porque le toco pujar y echar para afuera, como la mujer que da a luz un niño, el Reino que estaba dentro de el.

La iglesia de la próxima generación no será una iglesia que solamente crezca en números y construya grandes edificios. Más bien será una iglesia que saque el reino de adentro hacia afuera. Esa iglesia ungirá reyes y los pondrá en sus tronos. Porque la unción viene de un profeta, y este carga el reino por dentro.

Transición Profética

Sin duda, en estos tiempos la Iglesia está viviendo una transición profética. Se siente un cambio en la atmósfera que indica que Dios quiere revelar lo que hay en su corazón a través de una transición profética.

Anuncio del Nacimiento de Juan

"Hubo en los días de Herodes, rey de Judea, un sacerdote llamado Zacarías, de la clase de Abías; su mujer era de las hijas de Aarón, y se llamaba Elisabet. Ambos eran justos delante de Dios, y andaban irreprensibles en todos los mandamientos y ordenanzas del Señor. Pero no tenían hijo, porque Elisabet era estéril, y ambos eran ya de edad avanzada. Aconteció que ejerciendo Zacarías el sacerdocio delante de Dios según el orden de su clase, conforme a la costumbre del sacerdocio, le tocó en suerte

ofrecer el incienso, entrando en el santuario del Señor. Y toda la multitud del pueblo estaba fuera orando a la hora del incienso. Y se le apareció un ángel del Señor puesto en pie a la derecha del altar del incienso. Y se turbó Zacarías al verle, y le sobrecogió temor. Pero el ángel le dijo: Zacarías, no temas; porque tu oración ha sido oída, y tu mujer Elisabet te dará a luz un hijo, y llamarás su nombre Juan." (Lucas 1:5-13)

La última aparición de un ángel en el Antiguo Testamento fue a un profeta llamado Zacarías. (Zacarías 3) La primera aparición de un ángel en el Nuevo Testamento fue a un sacerdote llamado Zacarías. (Lucas 1)

Fue al sacerdote Zacarías a quien le toco, por suerte, ofrecer el incienso en el templo. Esta oportunidad podía solo pasar una vez en la vida y, cuando Zacarías tuvo esa experiencia con Dios, se quedo mudo. Un verdadero encuentro con Dios sin duda nos dejara sin palabras.

Esto sucedió también porque Zacarías no sabía que su casa estaba en víspera de transición. Su casa estaba a punto de pasar por un cambio nuevo e histórico. Muchas casas o Iglesias están pasando por esta misma transición. Ellas están experimentando un cambio en el cual, cuando sus congregaciones se reúnen, hay manifestaciones proféticas. Mientras tanto, otras casas rehúsan aceptar esa transición y terminan aferrados a una tradición solamente.

¿Tradición o Transición?

Es obvio que hoy en día hay casas en tradición, así como también las hay en transición. Y es importante reconocer que existen diferencias entre las unas y la otras.

Tradición: Consiste de ideas y costumbres que se van transmitiendo durante años, de una generación a otra, sin cambios notables.

Transición: Es el proceso de pasar a un estado no conocido. Por ejemplo, cuando Dios nos lleva por un camino diferente con experiencias diferentes.

En tiempos de transición es difícil oír a Dios, porque Dios continuamente habla de diferentes maneras. Es difícil tratar con una persona en transición, pues ella misma no sabe dónde está y se pregunta ¿Quién soy yo ahora? ¿Dónde estoy ahora? ¿Qué debo hacer ahora? El tiempo de transición puede ser un tiempo muy confuso. En esos momentos, lo mejor que podemos hacer es permanecer callados y seguir las señales que se nos han dado.

Zacarías estaba al punto de experimentar esta misma transición, puesto que estaba próximo a tener un hijo que sería profeta. Un sacerdote que venía de una larga línea de sacerdotes ahora tendría un hijo con un llamado diferente: profeta. ¿Qué hacer cuando lo que sale de nosotros no se parece a nosotros? Un sacerdote sirve a Dios con ceremonias, lavados, purificaciones, y sacrificios. En cambio el profeta declara, profetiza y establece. ¿Como le enseñaría Zacarías el oficio a su hijo, si su hijo tendría un ministerio diferente al del?

En el relato bíblico vemos que lo primero que Zacarías muestra es duda. Eso demuestra que había duda y fe viviendo de manera simultánea en la misma persona, pues tuvo fe para orar por un hijo, pero dudaba recibir lo que había pedido. Quizás lo mismo nos haya pasado en algún momento a nosotros. Podemos tener fe para orar por un oficio, pero podemos a la vez tener dudas que lo podamos ejercer. Tenemos fe para orar por nuestro matrimonio, así como también dudamos que pueda mejorar.

Lo primero que hace la transición profética es cambiar nuestro vocabulario. Debemos hablar no lo que sentimos, sino lo que Dios dice. El lenguaje profético llama las cosas que no son como si ya fuesen. (Romanos 4:17) Zacarías dijo no puedo, pero Dios le dijo cállate. Como Zacarías estaba hablando de lo que veía, y no de lo que creía, Dios lo callo hasta que el aprendiera a hablar el lenguaje de Dios.

La declaración de Zacarías causo que él perdiera el habla y el oír; es por eso que, de acuerdo al verso 62, le tuvieron que hablar solo por señas. Zacarías mudo representaba un sistema que usa señas para hablar. Hablar por señas significa hablar con las manos y, como las manos están en el cuerpo, ese sistema habla del esfuerzo humano. Se puede decir que Zacarías usaba la carne (el cuerpo) para ministrar, y hablaba por señas porque no tenía palabras proféticas que enunciar.

Se supone que sea la cabeza, el líder, el que hable proféticamente pero, lamentablemente, hay cuerpos o iglesias donde la cabeza no habla proféticamente. Por tanto, es el cuerpo el que habla solamente por señas. Así hay ministros a quienes Dios no les ha permitido profetizar sobre esta generación por causa de que rehúsan creer en la transición profética.

Hay otra razón por la cual Zacarías no tendría voz, y es porque su hijo, Juan, seria la voz que clamaría en el desierto. Juan vendría a ser la voz profética que su padre no tenía. El hijo de Zacarías no había de parecerse al padre. Similarmente, lo que Dios hace con nosotros quizás no se parece a lo que nosotros somos.

Cuando María visito a Elisabet, la criatura en el vientre de ella salto. Elisabet estaba escondida en su casa porque la criatura no se movía, pero la visita de María le dio a la criatura el motivo para moverse. Debemos entender que no seremos nosotros los que haremos mover nuestra criatura; en muchas ocasiones las personas que nos rodean harán que el hijo que llevamos en nuestro vientre se mueva. Esa es la razón por lo cual no podremos entrar en la transición profética si nunca nos rodeamos de personas que han experimentado lo profético.

Cuando el movimiento profético que Juan personificaba se encontró con el movimiento apostólico dentro de Jesús, Juan salto en el líquido amniótico del vientre de su madre. El primer encuentro entre ambos fue en las aguas del vientre de sus madres, pero su próximo encuentro seria en las aguas del río Jordán, porque todo movimiento de Dios solamente se da y se encuentra en las aguas del Espíritu.

Un Nombre Nuevo

Cuando el niño nació lo querían llamar por el nombre del sistema pasado, pero la madre hablo y dijo: "NO; se llamara Juan." La mujer, que es tipo de la Iglesia, tiene que decirle al mundo que hay un nuevo movimiento que no se parecerá al anterior. Ella dijo "se llamara," pero el padre dijo "Juan es su nombre." La Iglesia puede declarar quien tú serás, pero solo un padre espiritual puede declarar quien tu eres. La gente quería llamarlo Zacarías junior, pero Juan no llevaría ese nombre, porque Juan no iba ser una continuación de lo anterior.

Dios está preparándote para llevarte a otra experiencia mayor. Viene un aumento de gloria para tu vida. Dios va a cambiar el orden de las cosas; El va a romper el molde y va a llevarte a otro nivel en el cual nunca has estado. Veras algo que no has visto antes. Lo viejo será quitado y lo nuevo será establecido. Todo será algo nuevo: un nombre nuevo, una actitud nueva, una altitud nueva. Tal como dicen Las Escrituras en 1 Corintios 2:9- *"Son cosas que ojo no vio, ni oído oyó, ni han subido a corazón de hombre."*

Para Zacarías poder hablar de nuevo tuvo que hacer algo primero: escribir el nombre correcto. Cuando él escribió en tablas lo que oyó en el templo, entonces fue lleno del Espíritu y profetizo. Fue entonces que Zacarías hizo algo que nunca había hecho antes: comenzó a profetizar. El verso 76 dice: *"y tu niño profeta del Altísimo serás llamado."* Indicando que es el padre el que le da dirección al hijo. Por lo tanto, es tu padre espiritual el que reconoce tu ministerio. Hoy en día, hacen falta padres espirituales y ministeriales que profeticen sobre la juventud de esta generación.

Diferencia entre un padre Sacerdote y un hijo Profeta

En contraste con su padre, Juan personificaba y practicaba un movimiento diferente para una generación diferente. Zacarías era un sacerdote para el templo, pero Juan era un profeta para el desierto. Por tanto, Zacarías vestía con ropa sacerdotal, pero Juan vestía diferente; Juan vestía con ropa de piel de camello y un cinto de cuero. Zacarías comía pan del templo, pero Juan comía langostas (grillos, saltamontes) y miel silvestre.

Mi pregunta a los líderes y ministros de hoy es la siguiente: ¿Estarás dispuesto a dar a luz un movimiento de Dios? ¿Podrás engendrar y dar a luz un movimiento profético en tu congregación o ministerio? Fue un movimiento nuevo (Juan) el que introdujo la primera venida de Jesús y, de igual forma, será un nuevo movimiento el que – en el momento propicio de Dios - abrirá camino para la segunda venida de Cristo.

No debemos resistir la llegada a nuestras vidas de la transición profética como lo hizo Zacarías. Dios nos está llamando a cambiar de una tradición, a una transición profética. La tradición habla con el cuerpo y por señales, pero la transición profética habla por la cabeza y desde la boca de Dios. Aunque nadie quizá ha fluido proféticamente en tu vida, ministerio o Iglesia, no dudes que, como Zacarías, darás a luz algo profético. Aunque al principio no lo entiendas, no resistas los cambios proféticos que vienen de parte de Dios (Isaías 43:19).

Como Fue Entonces, Será Ahora

Lo mismo que sucedió en Israel en el tiempo de Juan el Bautista (el profeta) es lo que va a suceder en este tiempo. Dice el verso 80: *"Y el niño crecía, y se fortalecía en espíritu; y estuvo en lugares desiertos hasta el día de su manifestación a Israel."* El movimiento profético está creciendo en todo el mundo. El espíritu profético se fortalece cada día más en estos últimos tiempos. Y, aunque parece que en muchos lugares el movimiento profético ha estado separado en lugares desiertos, llegara el día de su manifestación plena a la Iglesia de Jesucristo. Tiempos de manifestación profética vendrán para estos tiempos y para tu vida.

Conclusión

Nuestra oración al Señor de la Cosecha es la restauración del ministerio del Profeta, porque el ministerio del Profeta tiene su área de influencia dentro del cuerpo de Cristo hoy en día. Contrario al Antiguo Testamento, cuando el profeta operaba independientemente de otros ministerios, el profeta del Nuevo Pacto trabaja en estos tiempos muy cerca de los otros miembros del ministerio quíntuple, especialmente con el Apóstol.

Entendemos que el profeta tiene la responsabilidad que se indica en Jeremías 1:10 de arrancar, destruir, arruinar, derribar, edificar, y plantar. Y también que el ministerio del profeta tiene parte en la restauración de todas las cosas, como leemos en Hechos 3:19: *"Así que, arrepentíos y convertíos, para que sean borrados vuestros pecados; para que vengan de la presencia del Señor tiempos de refrigerio."*

El trabajo del profeta del Nuevo Pacto incluye la ministración en diversas formas. Por ejemplo el espíritu de profecía, predicar de la palabra, predecir por medio del Espíritu, exhortar y confirmar. Así como también es llamado a traer convicción, exponiendo los secretos del corazón y usado para revelar sueños y visiones.

El ministerio u oficio del profeta es en verdad un ministerio de poder y gobierno. De acuerdo a su conducta o fruto, el profeta representa a Dios con sus palabras. La iglesia del Nuevo Testamento fue gobernada por Apóstoles y Ancianos, los cuales unidos establecieron las doctrinas que gobernaran la iglesia de Jesucristo. (Hechos 15:1-18, 22, 23) Creemos que Dios está levantando profetas que cargan el Reino por dentro, profetas cuya función no es solamente revelar el futuro, sino más bien establecer el Reino de Dios sobre la Tierra.

Como en otros campos, también existen los falsos profetas en nuestros tiempos. Desafortunadamente, estos falsos profetas han suplantado a los verdaderos profetas de Dios y han influenciado negativamente a la Iglesia. Lo triste es que, por temor a lo falso, la Iglesia ha rechazado lo verdadero y genuino. Para revelar al falso profeta se pueden hacer varias preguntas. Por ejemplo: ¿A quién se somete el profeta? ¿A qué iglesia pertenece? ¿Tiene algún apóstol o cobertura espiritual? ¿Está dispuesto a tomar responsabilidad por sus profecías? Después de todo, recordemos que en el Nuevo Testamento los profetas pertenecían a algún lugar o se sometían a la autoridad de una iglesia local.

No todos los cristianos estarán dispuestos a hacer una transición a lo profético. Algunos están cómodos en sus tradición y hablando por señas. Pero Dios está buscando un pueblo que no tenga temor de profetizar, como Zacarías, sobre una futura generación. Es hora que los padres den a luz hijos profetas, para así introducir la venida de nuestro Señor Jesucristo. ¿Aceptas el reto, o dudaras como Zacarías? Aunque en el principio la transición profética causa temor, con el tiempo crecerá, se fortalecerá y se manifestara plenamente a Israel (la iglesia).

Tu Destino Profético te espera. No demores en hacer tu transición.

CAPITULO 3

LA OFICINA DEL EVANGELISTA

BIOGRAFÍA

EVANGELISTA ISRAEL BARRETO

E s hijo de los Pastores Aurelio y Elizabeth Barreto. Desde su niñez fue instruido en las Sagradas Escrituras.

Contrajo nupcias en el año 2000 con Jesenia Franqui y de esa unión nacieron tres hijos, Rebecca Briana, Elijah Israel y Joshua Emanuel.

El Evangelista Israel Barreto posee una Maestría en Teología, además de ser el fundador y presidente de IBIM(Israel Barreto International Ministries). A predicado en los Estados Unidos, Centro y Sur America, el Caribe y Europa. Tiene un programa de televisión "Tiempo de Restauración" que es transmitido a través de Impacto de Gracia que transmite vía Internet y en Usulutan, Salvador canal 65.

Capítulo 3

La Oficina Del Evangelista

S mith Wigglesworth, Billy Graham, Anime
Semple McPherson, Kathreen Kulman y
George Whitefield solo son un puñado de personas
que, históricamente, ejercieron la función del
ministerio evangelistico en América y el Mundo.
Estos ministerios abrazaron la declaración de Jesús
cuando dijo, *"Id por todo el mundo y predicad el
evangelio a toda criatura."* (Marcos 16:15) Para
ellos, La Gran Comisión no era solamente palabras
escrita en papel; para ellos la orden de Jesús fue
un estilo de vida. Por esta causa, sus éxitos fueron
sin precedentes y sus ejemplos difíciles de ignorar,
puesto que alcanzaron multitudes para Cristo.

Para nosotros es importante saber que el ministerio
del evangelista no término con ellos, aunque los
malos conceptos y prejuicios que tienen algunos de
la función del evangelista han causado que muchos

hoy en día no sean reconocidos como tal, o que otros no los acepten como verdaderos evangelistas. Los cristianos maduros sabemos bien que, puesto que hemos recibido la gracia de la salvación por medio de Nuestro Señor Jesucristo, estamos llamados a evangelizar tan frecuentemente como sea posible.

En este capítulo, es mi deseo contestar de manera edificativa interrogantes básicas sobre la oficina evangelistica. Es decir, de los cinco ministerios bíblicamente fundamentados en el Nuevo Testamento – Apóstoles, Profetas, Pastores, Maestros y Evangelistas - enfocar a nivel de ministerio preguntas tales como: ¿Qué es el ministerio evangelista? ¿Cuáles son los aspectos más importantes y las funciones del ministerio evangelista? ¿Cuales son los atributos de un buen evangelista? Y otras más.

Una manera de definir la oficina evangelistica es describiendo al evangelista de oficio. La misión primordial del evangelista es ganar almas para Cristo, y esa pasión lo llevara al fin del mundo en busca de un alma perdida.

El mensaje primario del evangelista es uno de buenas nuevas: la buena noticia de que Cristo murió por nuestros pecados y que la salvación está disponible para todo aquel que crea. Ese es su mensaje primordial. Cabe señalar que algunos evangelistas, en vez de dedicarse a comunicar el mensaje de buenas nuevas al pecador, se han dedicado – erróneamente - a exhortar, corregir y reprender, funciones que son más apropiadas para la oficina pastoral.

El ministerio del evangelista comprende el trabajo primordial de la iglesia, el cual es evangelizar al mundo. Se entiende entonces que no podremos edificar correctamente el cuerpo de Cristo sin la ayuda del evangelista. Hay una gran razón por la cual el Señor lo incluyo entre los cinco ministerios: el evangelista es el que lanza la red para atrapar todo tipo de peces. A estos peces, el pastor cuida y limpia con la ayuda del Espíritu Santo, el maestro edifica enseñándoles, el profeta les revela su destino y el apóstol les da fundamentos sólidos. Esta es la razón por lo cual el evangelista es el primero en ser enviado a rescatar las almas que serán parte de la iglesia y que necesitaran de los otros cuatro ministerio para su cuidado, discipulado y desarrollo.

Por tanto, el evangelista es un colaborador fundamental y necesario en la edificación de la iglesia. Sin la función de su oficina, el trabajo estaría incompleto. Vale recalcar la importancia de entender que no todos somos evangelistas, pero que todos somos llamados a evangelizar.

Su Origen

La raíz de la palabra evangelista es evangelio. Evangelio es la palabra griega euggelion, la cual significa una recompensa por las buenas nuevas (o buenas noticias). Es sumamente importante entender primero el significado de evangelio, para poder entonces impartir el mensaje del reino efectivamente. El evangelio es el mensaje de buenas nuevas y en este se encierran las recompensas. Esto, por supuesto, no se refiere a las recompensas dadas por buenas obras que el hombre haga, como sucedía en el Antiguo Testamento. En aquel tiempo, la ley dada por Moisés tenía una lista de buenas obras, las cuales se practicaban para obtener recompensas. En contraste, el evangelio del reino del nuevo pacto son buenas nuevas en Cristo Jesús, y en El recibimos las recompensas. Entonces, la función del evangelista es efectiva cuando el oyente entiende que, ligado con las buenas noticias están las recompensas. Para ilustrar este principio podemos usar el ejemplo de Jesús.

Jesús el Evangelista

Jesús ejerció primeramente la función de evangelista al predicar el mensaje de buenas nuevas a un pueblo que se convertiría en parte de Su iglesia. Después, la iglesia necesitaría de las otras oficinas para su estabilidad y desarrollo. Jesús, aunque es por excelencia El Apóstol, El Buen Pastor, El Profeta y El

Maestro, comenzó su ministerio como Evangelista, como lo indica Lucas 4:17-19: *"Y se le dio el libro del profeta Isaías; y habiendo abierto el libro, halló el lugar donde estaba escrito: El Espíritu del Señor está sobre mí, Por cuanto me ha ungido para dar buenas nuevas a los pobres; Me ha enviado a sanar a los quebrantados de corazón; A pregonar libertad a los cautivos, Y vista a los ciegos; A poner en libertad a los oprimidos; A predicar el año agradable del Señor."*

En su primera presentación pública, Jesús se anuncio como uno que es ungido para dar buenas nuevas. Las palabras "para dar buenas nuevas" es la palabra griega euaggelizō, lo cual significa lo mismo: "para dar buenas nuevas, para anunciar buenas nuevas." Esta es la raíz de la palabra evangelista en Efesios 4:11 cuando Pablo dice: *"Y él mismo constituyó a unos, apóstoles; a otros, profetas; a otros, evangelistas,. . ."* La palabra griega euaggelistēs significa un portador de buenas nuevas. Está claro entonces que Jesús comienzo su ministerio público como un portador de buenas nuevas y, por tanto, como un evangelista.

Los decretos dados por Jesús afirman el principio de que con cada buena noticia viene ligada una recompensa. Por ejemplo, El decreta que fue enviado a sanar; esto es buenas nuevas y la recompensa de esta noticia es que el quebrantado de corazón se sana. Cuando dice que El vino a pregonar libertad, esto es buenas nuevas y la recompensa es que el cautivo es libertado. Que El vino a dar vista a los ciegos es buenas nuevas, y la recompensa es que el ciego ve. Encerrado en las buenas nuevas esta la recompensa – y eso es el evangelio.

Los aspectos más importantes de la oficina evangelistica se basan en los fundamentos del evangelio y el evangelista debe conocer bien los fundamentos del evangelio que predica. Los fundamentos del evangelio, de acuerdo a las palabras del apóstol Pablo dada en 1 Corintios 15:1, son que: 1) Cristo murió, 2) fue sepultado, y 3) resucito de entre los muertos: *"Además os declaro, hermanos, el evangelio que os he predicado, el cual también recibisteis, en el cual también perseveráis; Por el cual asimismo, si retenéis la palabra que os he predicado, sois salvos, si no creísteis en vano. Porque primeramente os he enseñado lo que asimismo recibí: Que Cristo fué muerto por nuestros pecados conforme á las Escrituras; Y que fué sepultado, y que resucitó al tercer día, conforme á las Escrituras."*

Aquí, el apóstol afirma que el evangelio tiene primeramente que ser recibido y luego hay que permanecer en él, para luego poder predicarlo. El principio es claro: una persona no puede predicar lo que no ha recibido, ni lo que no ha creído, ni lo que no vive. Estableciendo estos principios antes mencionados, el evangelista podrá anunciar un mensaje lleno de vida. Consideremos ahora la esencia del evangelio: la muerte, sepultura y resurrección de Jesús.

La Muerte de Jesús

Es importante entender el propósito de la muerte de Jesús. En primer lugar, su muerte fue para darnos vida eterna. *"Porque de tal manera amó Dios al mundo, que ha dado a su Hijo unigénito, para que todo aquel que en él cree, no se pierda, mas tenga vida eterna."* (Juan 3:16) Su muerte también fue la paga por el pecado. "Por tanto, como el pecado entró en el mundo por un hombre, y por el pecado la muerte, así la muerte pasó a todos los hombres, por cuanto todos pecaron." (Romanos 5:12) *"Así también Cristo fue ofrecido una sola vez para llevar los pecados de muchos; y aparecerá por segunda vez, sin relación con el pecado, para salvar a los que le esperan."* (Hebreos 9:28)

La Sepultura de Jesús

En segundo lugar, el Jesús ser sepultado no solo fue para verificar su muerte, sino también para establecer que nada en la tierra lo pudo detener, *"¿Dónde, oh sepulcro, esta tu victoria?"* (1Corintios 15:55) La escritura declara que sellaron la puerta y pusieron soldados para guardarla. Nada de esto pudo detener el propósito de Dios sobre la humanidad. Nada pudo detener la salvación de la raza humana.

La tumba vacía ahora sirve como testimonio de que El murió y resucito: *"Porque somos sepultados juntamente con él para muerte por el bautismo, a fin de que como Cristo resucitó de los muertos por la gloria del Padre, así también nosotros andemos en vida nueva."* (Romanos 6:4)

La Resurrección de Jesús

Finalmente, su resurrección es la esperanza viva de una nueva vida en Cristo Jesús. *"Y si el Espíritu de aquel que levantó de los muertos a Jesús mora en vosotros, el que levantó de los muertos a Cristo Jesús vivificará también vuestros cuerpos mortales por su Espíritu que mora en vosotros."* (Romanos 8:) La resurrección garantiza la presencia de un mediador, *"Porque hay un solo Dios, y un solo mediador entre Dios y los hombres, Jesucristo hombre, el cual se dio a sí mismo en rescate por todos, de lo cual se dio testimonio a su debido tiempo."* (1 Timoteo 2:5,6) Tenemos mediante Su resurrección un sumo sacerdote, *"Por tanto, teniendo un gran sumo sacerdote que traspasó los cielos, Jesús el Hijo de Dios, retengamos nuestra profesión. Porque no tenemos un sumo sacerdote que no pueda compadecerse de nuestras debilidades, sino uno que fue tentado en todo según nuestra semejanza, pero sin pecado. Acerquémonos, pues, confiadamente al trono de la gracia, para alcanzar misericordia y hallar gracia para el oportuno socorro."* (Hebreos

4:14-16) Por su resurrección tenemos una fe segura y la libertad de todos nuestros pecados, *"Y si Cristo no resucitó, vana es entonces nuestra predicación, vana es también vuestra fe. Y somos hallados falsos testigos de Dios; porque hemos testificado de Dios que él resucitó a Cristo, al cual no resucitó, si en verdad los muertos no resucitan. Porque si los muertos no resucitan, tampoco Cristo resucitó; y si Cristo no resucitó, vuestra fe es vana; aún estáis en vuestros pecados."* (1 Corintios 15:14-17) En conclusión, estos tres principios son vitales para la predicación del evangelio, y son la plataforma para vivir una vida en Cristo. Y si se predicare un evangelio que niegue estos tres principios (Cristo murió, fue sepultado y resucito), lo predicado no es el evangelio del reino.

La Función del Evangelista

El primer mandato de Jesús, cuando se encontró con sus discípulos después de su resurrección, fue: *"Id por todo el mundo y predicad el evangelio a toda criatura."* (Marcos 16:15) Esto quiere decir que Jesús envió a sus discípulos a ser primordialmente evangelistas, si bien no les dio formalmente una oficina, ciertamente les dio esa función. Esa función primaria Jesús ya la había asignado de antemano cuando recluto a sus discípulos con esta declaración: *"Y les dijo Jesús: Venid en pos de mi, y los haré que seáis pescadores de hombres."* (Marcos 1:17) Marcos 6:7 declara, *"y llamo a los doces y comenzó a enviarlos de dos en dos: les dio potestad sobre espíritu inmundos.*" Lucas 10:1 relata, "*Después de estas cosa, designo el Señor a otros setentas los cuales envió de dos en dos delante de si, a toda ciudad y lugar adonde él había de venir.*" Está claro que El Señor envió a sus discípulos con una comisión evangelistica a todas las ciudades, dándoles además el poder de hacer señales de milagros, sanidades y prodigios. Todas estas capacidades aun están incluidas en la función del evangelista moderno y sobre esto hablaremos con detalles más adelante.

El Titulo del Evangelista

Hay un principio muy importante de establecer. La palabra o titulo evangelista, que viene del griego euaggelistēs, solo se encuentra tres veces en la Biblia: Hebreos 21:8, Efesios 4:11 y Timoteo 4:5. Sin embargo, la palabra griega euaggelizō, que significa dar buenas nuevas, anunciar buenas nuevas, lo cual es la función del evangelista, aparece 61 veces en Las Sagradas Escrituras. Esto lo vemos en el caso de los discípulos de Jesús que, aunque nunca los llamo evangelistas, evangelizaban efectivamente.

La función del evangelista tradicionalmente ha encerrado cinco partes. Primeramente, el evangelista lleva las buenas nuevas afuera. Su trabajo principal no es dentro de la iglesia sino fuera de ella. Segundo, es también un ministerio dentro de la iglesia, porque tiene la responsabilidad de trabajar con el no-creyente que visita un templo y exponerlo al mensaje del evangelio. Tercero, este ministerio es para ganar a los perdidos a través de la predicación del evangelio y va frecuentemente acompañado de señales. Cuarto, incluye enseñanza para capacitar a los santos y hacerlos también ganadores de almas. Finalmente, inicia y establece iglesias locales con equipos apostólicos.

Estos puntos mencionados reflejan el tipo de ministerio evangelistico con el que estamos más familiarizados, pero hay una función del evangelista que no siempre se nos ha enseñado: su función dentro del cuerpo de Cristo. Es decir, el evangelista no es solamente un ministerio que se ejerce afuera de la iglesia, sino también dentro de la misma. El Apóstol Pablo enseña que los cinco ministerios trabajan unidos para edificar el cuerpo, *"Y él mismo constituyó a unos, apóstoles; a otros, profetas; a otros, evangelistas; a otros, pastores y maestros, a fin de perfeccionar a los santos para la obra del ministerio, para la edificación del cuerpo de Cristo,"* (Efesios 4:10 y 11) Por tanto, decir que el evangelista es un ministerio solo para fuera de las cuatro paredes de la iglesia es cortarle su responsabilidad dentro de la misma.

Hay Diversidad de Evangelistas

No todos los evangelistas son iguales. Debemos entender que, de la misma manera que el apóstol tiene diferentes esferas de autoridad, el poder de influenciar en diferentes niveles y territorios, así también el evangelista se desenvuelve en diferentes esferas o dimensiones. Algunos evangelistas tienen llamado para ir a los hospitales o de casa-en-casa, mientras que otros lo tienen para ir por las calles de la ciudad. Hay a quienes se les ha entregado ciudades y aun naciones.

De acuerdo a su llamado o a su área de influencia, así será el manto que cada evangelista cargara. Por ejemplo, el conocido evangelista Reinhard Bonnke ha impactado el sur de África con cruzadas multitudinarias y grandes demostraciones del poder de Dios. La unción evangelistica sobre Billy Graham lo ha llevado más allá de los coliseos o estadios, donde ha congregado miles de personas y donde ha ganado millones de almas para Cristo. Graham ha predicado aproximadamente a 215 millones de personas en 185 países y territorios, pero su área de influencia también le ha permitido llegar a ser conocido como el consejero espiritual de presidentes en los Estados Unidos de América. Se sabe que fue consejero y amigo de los presidentes Dwight D. Eisenhower y Richard M. Nixon, entre otros. La influencia del evangelista va mas allá del solo rescatar un alma de la muerte eterna. El evangelista puede cambiar el curso de toda una nación, como en el caso de Felipe y el etíope.

Conocemos de algunos evangelistas con llamado para dar poderosas cruzadas que conllevan grandes inversionesderecursos,tantohumanocomofinanciero. A su vez, estas producen numerosas conversiones de almas y un sin número de testimonios, de sanidades y milagros. Entendemos que no todos conducen cruzadas de miles de personas, pero eso no los hace menos importantes. Por otro lado, conocemos de evangelistas que ministran localmente en eventos de jóvenes, damas y caballeros, edificando así pequeños pero importantes grupos del cuerpo de Cristo. No todos los evangelistas manifiestan los mismos dones, pero si es aparente que los dones de sanidades y milagros se ven manifestados con más frecuencia en ellos, que en los otros cuatro ministerios. La unción para trasmitir el mensaje y el respaldo de los dones de sanidades y milagros les hace ser más efectivos en su trabajo de alcanzar al perdido.

Recordemos que el evangelista anuncia las "buenas nuevas" del reino de Dios en todas partes y a todos lo que estén dispuestos a escucharlas. De modo que el tratar de encerrar o limitar el ministerio evangelistico en una sola área seria una muestra de poca sabiduría. El trabajo primordial del evangelista es ganar almas. Tanto el que gana una sola alma, como el que gana miles, está ejerciendo su oficio de evangelista. El poder del evangelista no se basa en la cantidad de peces que atrape en sus redes, sino en los que pueda llevar a la orilla de la playa. No hay límites para el evangelista; su influencia traspasa fronteras, razas, ciudades, y naciones. El mundo es su océano, y su mensaje y dones son sus herramientas de pesca.

El Evangelista imparte pasión por el servicio...

Todo aspirante a evangelista haría bien en hacerse esta pregunta: ¿Como funciona el evangelista en el Cuerpo de Cristo?

Primeramente, el evangelista tiene que guiar a los santos a adquirir un espíritu de servicio y a desarrollarlo hasta la perfección. Aquí, la palabra "perfección" se entiende como "maduración." El evangelista, por su gran pasión por las vidas necesitadas, imparte esta pasión de servicio a la iglesia. Esto – a su vez - sirve para que la iglesia reconozca y madure en su responsabilidad de servir a su comunidad.

En el Libro de los Hechos, el autor relata un episodio donde vemos un problema en el cuidado de las viudas de la ciudad. Este descuido no fue reconocido por los que estaban dentro de la iglesia sino por los griegos que habían recientemente llegado a ella. Para resolver el problema y atender esas necesidades, los Apóstoles escogieron entre ellos a un hombre llamado Felipe, a quien le fue otorgado el ministerio del servicio y que recibió el llamado de evangelista. *"Al otro día, saliendo Pablo y los que con él estábamos, fuimos a Cesarea; y entrando en casa de Felipe el evangelista, que era uno de los siete, posamos con él.*" (Hechos 21:8) Mientras que haya entre nosotros un ministerio evangelistico eficaz, este impartirá un espíritu de servicio al cuerpo, y no será necesario que los griegos o el mundo decidan lo que es necesario hacer para ayudar a los menos afortunados. A ese nivel, lo que dice Mateo 25:35-36 será una práctica común y natural de la iglesia: *"Porque tuve hambre, y me disteis de comer; tuve sed, y me disteis de beber; fui forastero, y me recogisteis; estuve desnudo, y me cubristeis; enfermo, y me visitasteis; en la cárcel, y vinisteis a mí."*

Señales Que Siguen al Evangelista

El ministerio del evangelista edifica el cuerpo cuando fortalece la fe de la iglesia con señales de sanidades y milagros. Un ejemplo de ello lo vemos en Hechos 8:13: *"También creyó Simón mismo, y habiéndose bautizado, estaba siempre con Felipe; y viendo las señales y grandes milagros que se hacían, estaba atónito."* Hay congregaciones que quizá nunca hayan visto un milagro creativo de parte de Dios. Mas cuando llega un evangelista que opera con señales de sanidades y milagros, esto despierta o aumenta fe en la congregación y es así que los creyentes comprueban que Dios puede hacer señales de sanidades y milagros en sus iglesias.

De acuerdo a las Escrituras la oficina del evangelista junto con las otras cuatro operan en unión: *"hasta que todos lleguemos a la unidad de la fe y del conocimiento del Hijo de Dios, a un varón perfecto, a la medida de la estatura de la plenitud de Cristo."* Efesios 4:13

Felipe cumple su función como evangelista cuando se encuentra con el etíope. Se acerca a el, le explica las Escrituras y lo conduce al arrepentimiento. Cuando el etíope escucha el mensaje del evangelista, detiene el carro y pide ser bautizado, lo cual significa ser sumergido en Cristo. *"Y el Espíritu dijo a Felipe: Acércate y júntate a ese carro. 30 Acudiendo Felipe, le oyó que leía al profeta Isaías, y dijo: Pero ¿entiendes lo que lees. 31 El dijo: ¿Y cómo podré, si alguno no me enseñare? Y rogó a Felipe que subiese y se sentara con él. 35 Entonces Felipe, abriendo su boca, y comenzando desde esta escritura, le anunció el evangelio de Jesús."* Hechos 8:29-31;35

Creo que una de las funciones del evangelista dentro de la congregación es capacitar y preparar equipos evangelisticos. Así podrá traer hombres y mujeres con la misma dinámica del etíope a la unidad de la fe, dándoles el conocimiento del Hijo de Dios, lo cual acerca al oyente a anhelar recibir la plenitud de Cristo.

¿Qué Es Plenitud?

La palabra plenitud en esta ocasión es la palabra griega pleroma lo cual significa algo que es y ha sido lleno completamente. También se define cuando una sustancia mayor llena una sustancia menor, de tal manera, que ya no se ve la sustancia menor sino la mayor. Los gnósticos decían que la pleroma era la habitación y la manifestación de todos los poderes divinos. Cuando una persona a través del ejercicio del gnosis "poder del conocimiento" en rendición de su voluntad y de su mente, podía canalizar las energías místicas. Este hombre en la medida que avanzaba en sus cámaras podía lograr el pleroma. Cuando llegaba a la séptima cámara, el podía hacerse la habitación de todos los poderes divinos. En este hombre divinizado hay un pleroma porque el manifiesta todas las emanaciones de Dios.

Pablo escucha hablar de este ejercicio de los gnósticos, que el hombre puede, con el ejercicio de su mente, liberarse de sus karmas y llegar a ser un dios. Pablo entonces enseña que, el pleroma no es que hay un hombre que se haga dios sino es un Dios que se hizo hombre y entonces escogió hombres a los que les impartió su vida y los ha hecho el templo de todo el poder de Dios.

La Fe y La Palabra

En Romanos 10:17 leemos: *"Luego la fe es por el oír; el oír la palabra de Dios."* El Apóstol Pablo es intencional y explícito al expresar un principio vital de la fe. Hay una sola forma de recibir la fe de Dios y es escuchando Su palabra. De otra manera, la fe expresada no es la fe de Dios. Por ejemplo, la fe en un gobierno es formada y fortalecida por la integridad del gobierno y la fe en la economía es formada y fortalecida por aquellos que la controlan. Similarmente, la decadencia de fe en las estructuras eclesiásticas, la inconstancia y la falta de compromiso es causada por los agentes encargados de ellas. La fe en Dios es formada y fortalecida por su palabra, la cual es constante y sin falta. Esta es la fe que produce salvación, *"porque todo aquel que invocare el nombre del Señor, será salvo. ¿Cómo, pues, invocarán a aquel en el cual no han creído? ¿Y cómo creerán en aquel de quien no han oído? ¿Y cómo oirán sin haber quien les predique? ¿Y cómo predicarán si no fueren enviados? Como está escrito: ¡Cuán hermosos son los pies de los que anuncian la paz, de los que anuncian buenas nuevas!"* (Romanos 10:13-15).

La escritura relata aproximadamente cinco maneras de escuchar la palabra de Dios. El Apóstol Pablo menciona cuatro de ellas en su libro a los Corintios, *"¿qué os aprovechará, si no os hablare con revelación, o con ciencia, o con profecía, o con doctrina?"* (1 Corintios 14:6) Cuando la semilla de las buenas nuevas es depositada en la vida de una persona, esa persona tiene inexorablemente que crecer. El que da esa primera semilla de fe debe ser un evangelista con el mensaje de las buenas nuevas, seguido por el pastor que con la palabra en forma de doctrina. Después llega el profeta con la profecía, para dejar saber al creyente que no solo es importante lo que Dios estableció, sino lo está estableciendo en su vida. Más adelante el maestro llega y alinea lo doctrinal con lo profético, esto es ciencia (un estudio minucioso) asegurando que lo que se ha recibido esta alineado con lo que ha sido establecido en la palabra de Dios. Finalmente, el Apóstol llega con la revelación del Espíritu de Dios, asegurándose que todo esté bajo el plano establecido por Dios. El Apóstol es el perito arquitecto que da los planos inicialmente. Sin embargo, continuamente revisa la obra mientras está siendo construida, revelando continuamente el propósito de Dios para la iglesia. Es así como los cinco ministerios trabajan en equipo para efectuar el propósito global de Dios en la iglesia.

Mi Experiencia

Tengo el privilegio de haber sido criado en un hogar cristiano con padres pastores. He pasado por diferentes etapas en la iglesia; por ejemplo, fui chofer del autobús, músico, limpie el templo, etcétera. En estos últimos trece años, Dios me ha permitido ejercer el ministerio de evangelista viajando a diferentes partes de mundo, once de estos años a tiempo completo. Inicialmente, ser evangelista no fue algo que yo deseara. Mi pasión era la música y deseo de predicar el Evangelio pero a través de mi guitarra o mi piano. No obstante, Dios tenía en Su mente algo diferente para mí. ¿Por que soy evangelista ahora? Sencillamente porque ese es el propósito de Dios para mí en este tiempo. ¿Como supe que ese era mi llamado? Y usted, ¿cómo puede saber si fue llamado a ser un evangelista? Sencillamente porque sentimos una pasión profunda por ganar almas, sentimos en el corazón la carga de anunciar a Cristo a la gente.

Cuando yo supe con seguridad que Dios me había llamado para ser evangelista, entre de lleno en un tiempo de consagración y le pedí al Señor que me mostrara lo que debería hacer para ser efectivo como evangelista. A los pocos minutos sentí un dolor muy profundo en mi corazón y comencé a llorar hasta el punto que no pude contenerme; llene mi habitación con llantos, gritaba sin poder parar. Le pregunte al Señor, ¿que es este dolor? La repuesta de Él fue: "este es el dolor que yo siento por aquellos que viven alejados de mi." Con esa experiencia aprendí que, no es lo que una persona hace, sino lo que siente. Si no sentimos pasión y compasión por aquellos que están lejos de Dios, nunca haremos nada por alcanzarlos.

Estas son otras señales o confirmaciones de que fuiste llamado al ministerio evangelistico:

Dios Te Lo Dirá

Dios no es mudo, El habla directamente. Todo hombre o mujer de Dios que fue llamado, recibió su llamado directamente de Dios. Antes de salir de la barca tu pregunta debe ser: "¿Señor eres Tu el que me llama?"

Tu Cobertura lo Reconocerá

El reino se mueve en orden. Eli, aunque lejos del propósito de Dios, reconoció que Dios llamaba a Samuel. Samuel, aunque pensó que era algún otro de los hijos de Isaí el escogido para ser rey de Israel, tuvo que reconocer que David era el verdadero escogido de Dios. Nunca ejerzas un ministerio sin la bendición de tu cobertura espiritual.

El Respaldo Será Evidente

Las señales te seguirán. Desde que comencé a ejercer mi ministerio el respaldo de Dios ha sido evidente. Señales como liberación de personas endemoniadas, personas recibiendo el bautismo del Espíritu Santo y la salvación de almas suceden frecuentemente. Cuando hay un respaldo de evidencias sobrenaturales, se comprueba que el llamado ha sido de Dios. La señal que debe sobresalir más es, por supuesto, la conversión de almas; así notaras que tienes una gracia especial para alcanzar vidas para Cristo.

Recomendaciones Para el Evangelista

Es importante tener una cobertura espiritual, a un Apóstol o Pastor que esté dispuesto a protegerte, impartirte y a corregirte.

Protección

Toda persona que persiga una carrera con excelencia tendrá quien quiera hacerle daño, y el evangelista no es la excepción. Asegúrate siempre de tener una cobertura que proteja y te defienda de aquellos que quieran hacerte daño o manchar tu imagen. En caso de peligro, tu cobertura se encargara de protegerte y defenderte. Como en el caso de Lot, será tu Abraham e intercederá por ti y aun te rescatara.

Impartieron

Todos necesitamos enseñanza y consejos. Con su experiencia ministerial, con una palabra fresca, tu cobertura será instrumental en que siempre estés actualizado y fuerte. No es bueno andar por el mundo impartiendo nutrición espiritual si uno mismo no se alimenta, pues al pasar el tiempo nos debilitaremos.

Corrección

El evangelista necesita alguien que lo mire desde afuera hacia adentro. Dentro de su ambiente personal hay tanto que hacer y atender, que resulta muy fácil descuidar áreas de la familia, finanzas, salud etc. Una cobertura sabia te observara y corregirá lo que este deficiente, dando a tu vida una perspectiva saludable.

1. Si tienes familia, dale tiempo:

De nada nos vale salvar el mundo y perder nuestra familia. Es importante tener en cuenta que la pasión que se siente por las almas es tan fuerte, que se puede perder de vista las personas que Dios nos ha dado. El evangelista Noé predico por más de cien años y nadie se salvo. Quizás en este tiempo se le hubiera tildado de fracasado. Más se salvo su familia, y ese fue su éxito mayor.

2. Debes tener mentores o consejeros:

Además de la cobertura personal de un Apóstol o Pastor, debemos atender áreas que necesiten más claridad. Es bueno usar como recursos a personas que han tenido experiencia en el evangelismo, porque hay preguntas que solo un evangelista puede contestar. Por otro lado, no debemos limitarnos en este aspecto; busquemos mentores que nos ayuden y aconsejen en todas las áreas de nuestra vida que lo necesiten.

3. Actualiza y Expande tu Conocimiento:

Hoy en día abundan los congresos o talleres que imparten información y enseñanza que nos facilita el desarrollo en el área de evangelismo. Eso nos conviene porque necesitamos escuchar no solo lo que Dios está haciendo en nuestra ciudad, sino en todo el mundo. Debemos de estar al tanto de lo que Dios le está diciendo a otros hombres, y ver si está alineado con lo que nos ha dicho a nosotros. Solo hubo un hombre solitario y se llamo Juan el Bautista. Ya no hay solo una voz en el desierto; ahora somos muchas voces en el desierto con un solo mensaje: el reino.

4. No te encierres en un solo método de evangelismo:

Este no es un consejo para dejar la forma tradicional de ministrar la palabra, sea en una plataforma, en un estadio, o al aire libre, pero debemos explorar la forma de desplazarnos a través de la radio, televisión, Internet, redes sociales, etcétera. Quizás no sepamos cómo hacerlo, pero hagamos conexiones con personas que sepan, para poder alcanzar más gente en menos tiempo.

5. Vive una vida de intimidad con Dios:

Para todo evangelista, lo más importante debe ser la oración, la lectura de la palabra y momentos de consagración. Nuestros momentos devocionales nos mantienen sensitivos al propósito de Dios.

Los pies pisaran

Por mucho tiempo, el ministerio quíntuple ha sido conocido como la mano de Dios en la tierra. La razón es que la mano tiene cinco dedos y, ya que la iglesia es el cuerpo de Cristo, muchos han dicho que el ministerio quíntuple corresponde a la mano en el cuerpo de Cristo. Sin embargo, las manos no son la única parte del cuerpo que tienen cinco dedos. Los pies del cuerpo tienen cinco dedos también. Pablo declara y cita la escritura diciendo *"Como está escrito: '¡Cuán hermosos son los pies de los que anuncian la paz, de los que anuncian buenas nuevas!'"*(Romanos 10:15) Si Cristo es la cabeza, la posición más apropiada del ministerio quíntuple debe ser los pies. El cuerpo del ser humano es sostenido erguido por causa de los pies. La iglesia jamás podrá mantenerse en pie sin los pies, si el ministerio quíntuple no se sujeta a la cabeza que es Cristo.

Éxodo 24:1 dice: *"Dijo Jehová' a Moisés: Sube ante Jehová', tú, y Aarón, Nadab, y Abiú, y setenta de los ancianos de Israel; y os inclinareis desde lejos. Y subieron Moisés y Aarón, Nadab y Abiú, y setenta de los ancianos de Israel; y vieron al Dios de Israel; y había debajo de sus pies como un embaldosado de zafiro, semejante al cielo cuando está sereno. Mas no extendió´ su mano sobre los príncipes de los hijos de Israel; y vieron a Dios, y comieron y bebieron".*

Nunca antes había notado esta porción bíblica. Sin embargo, es claro que encierra una sombra profética. Antes de que Moisés subiera al monte para recibir la ley, Dios llamo a un equipo quíntuple al monte. Aunque subieron más de cinco personas, Dios lo dividió en cinco: Moisés, Aarón, Nadab, Abiú, y setenta de los ancianos de Israel. Al subir al monte, la parte que Dios les muestro de su cuerpo fueron sus pies. Luego, dice que comieron y bebieron con El, lo cual es sombre de la cena del Señor. Dios, antes de dar la ley, le mostró a un equipo quíntuple el ministerio del nuevo pacto. Es importante reconocer que el ministerio quíntuple del nuevo pacto tiene una responsabilidad de ser pies que pisan y poseen. Génesis 3:15 dice, *"Y pondré´ enemistad entre ti y la mujer, y entre tu simiente y la simiente suya; ésta te herirá´ en la cabeza, y tú le herirás en el calcañar."* Efesios 1:22 declara, *"y sometió´ todas las cosas bajo sus pies, y lo dio por cabeza sobre todas las cosas a la iglesia".* Lucas 10:19 *"Miren, les he dado autoridad para pisotear sobre serpientes y escorpiones, y sobre todo el poder del enemigo, y nada les hará daño."* Es importante ver que fueron los pies de Jesús los que fueron perfumados, *"Entonces María tomó una libra de perfume de nardo puro, de mucho precio, y ungió los pies de Jesús, y los enjugó con sus cabellos; y la casa se llenó del olor del perfume."* (Juan 12:3) Y, cuando Jesús estuvo por última vez con sus discípulos antes de morir, les ungió sus pies, *"se levantó de la cena, y se quitó su manto, y tomando una toalla, se la ciño. Luego puso agua en un lebrillo, y comenzó a lavar los pies de los discípulos, y a enjugarlos con la toalla con que estaba ceñido."* (Juan 13:4,5) Finalmente, Apocalipsis 1:15 declara que los pies de Jesús son semejantes al bronce bruñido, refulgente como en un horno; en otras palabra están envueltos en fuego y Dios llama a sus ministros llamas de fuego.

La división traerá graves consecuencias. . .

Dios nos enseña que suceden cosas horribles cuando el equipo se divide. *"Entonces Jehová dijo a Moisés: Sube a mí al monte, y espera allá, y te daré tablas de piedra, y la ley, y mandamientos que he escrito para enseñarles. Y se levantó Moisés con Josué su servidor, y Moisés subió al monte de Dios."* (Éxodo 24:12,13)

Mientras Moisés estaba envuelto en la gloria de Dios, Aarón cometió un grave error. *"Y viendo esto Aarón, edificó un altar delante del becerro;*

y pregonó Aarón, y dijo: Mañana será fiesta para Jehová." (Éxodo 32:5) Al dividirse el equipo hubo diferencias en cuanto al culto a Dios. Mientras el ministerio quíntuple este unido, *"ya no seremos niños fluctuantes, llevados por doquiera de todo viento de doctrina, por estratagema de hombres que para engañar emplean con astucia las artimañas del error, sino que siguiendo la verdad en amor, crezcamos en todo en aquel que es la cabeza, esto es, Cristo, de quien todo el cuerpo, bien concertado y unido entre sí por todas las coyunturas que se ayudan mutuamente, según la actividad propia de cada miembro, recibe su crecimiento para ir edificándose en amor."* (Efesios 4:14-16)

La Actitud del Evangelista

El Apóstol Pablo, en una forma intencional, hace una apelación a los que instruyen a la iglesia, a los que son instruidos y a los que un día ocuparan uno de los cinco ministerios para instruir a los santos. Declara en Efesios 4:1-3 y dice: *"Yo pues, preso en el Señor, os ruego que andéis como es digno de la vocación con que fuisteis llamados, con toda humildad y mansedumbre, soportándoos con paciencia los unos a los otros en amor, solícitos en guardar la unidad del Espíritu en el vinculo de la paz;"* El Apóstol expresa la importancia del ser llamado. En la Escritura hay tres ejemplos del llamado: los que se llaman a sí mismos, los llamados por hombres y los llamados por Dios.

El Que Se Llama Así Mismo

Un ejemplo de uno que se llama así mismo es Absalón. Dice la Biblia en 2 Samuel 15 1:4: *"Aconteció después de esto, que Absalón se hizo de carros y caballos, y cincuenta hombres que corriesen delante de él. Y se levantaba Absalón de mañana, y se ponía a un lado del camino junto a la puerta; y a cualquiera que tenía pleito y venía al rey a juicio, Absalón le llamaba y le decía: ¿De qué ciudad eres? Y él respondía: Tu siervo es de una de las tribus de Israel. Entonces Absalón le decía: Mira, tus palabras son buenas y justas; mas no tienes quien te oiga de parte del rey. Y decía Absalón: ¡Quién me pusiera por juez en la tierra, para que viniesen a mí todos los que tienen pleito o negocio, que yo les haría justicia!"*

Con este hecho, Absalón logro ganar el corazón del pueblo de Israel. Mas Absalón no fue llamado por Dios para el reinado, el se llamo así mismo. Al fin del la historia, Absalón termina muerto, *"Y se encontró Absalón con los siervos de David; e iba Absalón sobre un mulo, y el mulo entró por debajo de las ramas espesas de una gran encina, y se le enredó la cabeza en la encina, y Absalón quedó suspendido entre el cielo y la tierra; y el mulo en que iba pasó delante."* (2 Samuel 18:9)

Los Llamados por Hombres

Los que el pueblo llama son los que se parecen a Saúl que, aunque ungido por Dios, el llamado en si a ser rey fue la petición del pueblo de Israel: *"Pero el pueblo no quiso oír la voz de Samuel, y dijo: No, sino que habrá rey sobre nosotros; y nosotros seremos también como todas las naciones, y nuestro rey nos gobernará, y saldrá delante de nosotros, y hará nuestras guerras."* (1 Samuel 8:19.20) Los llamados por el pueblo al final se sujetan a los deseos del pueblo, en vez de seguir la voluntad de Dios. Este es el caso de Saúl que ofreció sacrificio por temor al pueblo, lo cual no era su función. *"Entonces Samuel dijo: ¿Qué has hecho? Y Saúl respondió: Porque vi que el pueblo se me desertaba."* (1 Samuel 13:11) Esta actitud muestra que Saúl temía más al pueblo que a Dios, y es la que causo el rechazo de Dios. *"Entonces Saúl dijo a Samuel: Yo he pecado; pues he quebrantado el mandamiento de Jehová y tus palabras, porque temí al pueblo y consentí a la voz de ellos. Perdona, pues, ahora mi pecado, y vuelve conmigo para que adore a Jehová. Y Samuel respondió a Saúl: No volveré contigo; porque desechaste la palabra de Jehová, y Jehová te ha desechado para que no seas rey sobre Israel."* (1 Samuel 15:24-26) Saúl, el rey que fue un día ungido por Dios, perdió su trono y el derecho de pasarlo a su descendencia, por oír el llamado de los hombres.

Los Llamados por Dios

Los llamados por Dios son como Josué. Ellos viven con la seguridad de que Dios nunca los desampara y siempre los respaldara. Dios le dice a Josué, *"Nadie te podrá hacer frente en todos los días de tu vida; como estuve con Moisés, estaré contigo; no te dejaré, ni te desampararé."* (Josué 1:5) El que ejerce el ministerio evangelista no se puede llamar a sí mismo, ni puede ser llamado por el pueblo, solamente puede ser llamado por Dios.

La Humildad Debe Ser La Actitud del Evangelista...

El que es llamado por Dios tendrá siempre presente que debe ser "digno de la vocación." En primer lugar, debe ser humilde. Humildad, en el contexto de Efesios 4, es tener una opinión humilde de sí mismo, sentir profundamente que se es pequeño. Pablo a los romanos enseña, *"Digo, pues, por la gracia que me es dada, a cada cual que está entre vosotros, que no tenga más alto concepto de sí que el que debe tener, sino que piense de sí con cordura, conforme a la medida de fe que Dios repartió a cada uno."* (Romanos 12:3)

Proverbios 16:18 dice, *"Antes del quebrantamiento es la soberbia, Y antes de la caída la altivez de espíritu."* *El salmista nos advierte esta realidad:*

"Porque Jehová es excelso, y atiende al humilde, Mas al altivo mira de lejos." (Salmos 138:6)

En segundo lugar, debe ser manso, es decir, gentil; debe también ser respetuoso, considerar a los demás y ser accesible. Este es el ejemplo de Jesús, Mateo 11:29 declara, *"y aprended de mí, que soy manso y humilde de corazón; y hallaréis descanso para vuestras almas;"* Jesús era tan gentil que los niños anhelaban estar cerca de Él. *"Entonces le fueron presentados unos niños, para que pusiese las manos sobre ellos, y orase; y los discípulos les reprendieron. Pero Jesús dijo: Dejad a los niños venir a mí, y no se lo impidáis;"* (Mateo 19:13,14)

En tercer lugar, debe ser paciente. Tener paciencia es ser lento para vengarse, soportar, aguantar, mantenerse firme. Se traduce en ingles "long suffering," es decir, dispuesto a sufrir largamente. Debe también ser amoroso; esta es la palabra griega ágape: amor profundo. Debe tener amor por los hermanos. Jamás seremos evangelistas efectivos si no amamos las almas.

Finalmente, deben ser pacificadores. Uno de los significados de la palabra pacificador es buscar la paz entre las personas; es decir, buscar la armonía, lo cordial. La oración que Jesús hizo por sus discípulos, antes de ser crucificado, fue: *"Mas no ruego solamente por éstos, sino también por los que han de creer en mí por la palabra de ellos, para que todos sean uno; como tú, oh Padre, en mí, y yo en ti, que también ellos sean uno en nosotros; para que el mundo crea que tú me enviaste."* (Juan 17:20,21)

Quiero volver a enfatizar que, lo que motiva al evangelista, es la pasión por las almas perdidas. Sin esta pasión, en vano seria esta vocación. El evangelista José Luis Rodríguez, Jr. establece tres principios para mantener esta pasión en la iglesia. La pasión por el evangelismo debe ser intencional, necesita ser cultivado por enseñanzas y, hablando una jerga evangelistica, hasta que sea parte del ADN de la iglesia. Evangelismo efectivo y apasionado es cultivado por relaciones saludables, con personas que tenga esta misma pasión.

Finalmente; ¡hay que saber que el evangelismo no es algo que se necesita hacer, es algo que tenemos que hacer!

CAPITULO *4*

LA OFICINA DEL PASTOR

Biografía

Pastor Glenn J. Wilson

Uno de seis hermanos nacido en Cuba. Glenn J. Wilson, casado con su esposa Maribel por espacio de 29 años, juntos tienen 4 hijos, Robert 28, Glenn Jr. 27, Nicole, 25 y Andrew 19. También son bendecidos con dos nietos, Jhayden 6 y Adrián 4.

Glenn J. Wilson es el Pastor principal de la Iglesia Centro Familiar de Adoración Restauración, la cual fundo hace 18 años como una congregación multicultural en la ciudad de Howell, en el estado de New Jersey.

Además de ser Pastor de dicha congregación Glenn viaja extensamente a través de Norte América, Latino América, El Caribe, Europa y África colaborando y proveyendo dirección a líderes y congregaciones en su crecimiento, desarrollo y transición.

Hoy es considerado padre espiritual y mentor de algunos ministerios, pero más importante Glenn intencionalmente persigue establecer relaciones interpersonales, por eso para muchos es un amigo.

Alguien le pregunto al Pastor Glenn J. Wilson que cual era su motivación ministerial en este tiempo, el respondió, "Establecer la Iglesia local como una representación del Reino de Dios en la comunidad y proveer herramientas usables a ministros y congregaciones para que cumplan su misión y propósito."

Su conocimiento del Gobierno, Administración, Establecimiento y Restauración de la Iglesia son sus mayores fortalezas en este tiempo, pero pasar tiempo con sus nietos, amigos que lo hacen reír y salir al mar a pescar son sus pasatiempos favoritos.

Su corazón paternal y espíritu restaurador hacen que muchos lo llamen Apóstol Glenn J. Wilson.

CAPITULO 4

LA OFICINA DEL PASTOR

Antes que existiera el conocimiento amplio del ministerio quíntuple, como lo tenemos hoy, siempre tuvimos conocimiento del Pastor. Esta imprescindible función sobrevivió la ausencia del Apóstol, el Profeta y el Maestro y, junto con el evangelista, lograron mantener la Iglesia a flote hasta la reciente reforma apostólica.

Aunque aplaudimos su gran esfuerzo, labor, perseverancia, compromiso y pasión, no podemos recomendar que se imite ese modelo pastoral que asumió toda la responsabilidad de edificar la Iglesia y aun de aceptar las exageradas expectativas puestas sobre ellos por la iglesia, en base a la impresión que los pastores mismos proyectaban.

Nunca fue la intención de Dios que el pastor asumiera toda la carga y que cubriera todas las bases del cuidado y desarrollo de Su Iglesia. Muchos pastores se desgastaron físicamente, emocionalmente y espiritualmente y, en el proceso, descuidaron su vida familiar, sacrificando el tiempo de sus hijos y esposas en su afán apasionado de edificar la iglesia.

El diseño de Dios para esta función siempre fue visto dentro del contexto de un equipo. Todo rebaño tenía un pastor principal y otros pastores que colaboraban con él en la atención y cuidado del rebaño. El trabajo se dividía entre todos los pastores de acuerdo a su habilidad; a cada uno de ellos se le daba las ovejas que podía cuidar dentro del rebaño y bajo la supervisión del pastor principal.

Este fue el diseño que Jetro le impartió a Moisés cuando este inicio su ministerio pastoral pensando que el solo podía hacerlo todo. De una manera muy ineficiente, Moisés se sentaba delante del pueblo desde la mañana hasta la tarde, convencido que la tarea de ministrarle al pueblo le pertenecía a él solo. Mirando Jetro sus buenas intenciones, pero montadas en alas del error, le dijo, *"No está bien lo que haces desfallecerás del todo, tu, y también este pueblo que está contigo; porque el trabajo es demasiado pesado para ti; no podrás hacerlo tú solo."* (Éxodo 18:13-26) Sabiamente, Jetro le enseño a Moisés el beneficio y la necesidad del trabajo en equipo y Moisés, humildemente, lo acepto y lo aplico.

Vemos entonces que la función pastoral en equipo no es un concepto que surgió con el nuevo pacto ni de la reforma apostólica; en todos los tiempos le ha placido a Dios manifestar su multiforme gracia a través de la diversidad de habilidades repartidas en el cuerpo de Cristo. Esto no reduce la importancia de la función pastoral; al contrario, la define y cristaliza su importancia dentro del equipo.

Definición de La Oficina Pastoral

La definición de la función pastoral se ve y se entiende mucho mejor cuando la miramos a la luz de su significado hebreo y griego. La palabra hebrea Ra'ah quiere decir: atender, apacentar, guiar y gobernar, y la palabra griega Poimen quiere decir: alimentar y gobernar. Estas dos palabras no solo definen la función pastoral, sino también la distinguen de las otras funciones del ministerio quíntuple.

Aspectos Importantes de La Oficina Pastoral

A diferencia de los otros ministerios, el pastor es el que en todo momento permanece con la iglesia. Él es quien atiende las necesidades de la grey, alimentándola, cuidándola y guiándola a los propósitos divinos. El lleva en su corazón la revelación de la visión y el propósito de Dios para ese pueblo y, sabiamente, busca la ayuda y colaboración de los otros ministerios para equipar a los santos para la obra del ministerio y el cumplimiento de la asignación divina para ese pueblo. (Efe. 4:11,12)

El pastor expone la iglesia al apóstol, al profeta, al evangelista y al maestro, pero siempre velando que estos la formen de acuerdo al modelo divino que Dios ha revelado en su corazón. El pastor nunca suelta el cuidado de las ovejas a otros sin estar seguro que estos sean una extensión de su voz y que den continuidad a lo que ya se ha estado edificando en ellas.

La Biblia hace una declaración en referencia al pastor que no la hace en referencia a ningún otro ministerio: *". . .ellos velan por vuestras almas."* (Hebreos 13:17) Esta declaración o descripción de su función lo distingue y lo señala como el protector principal del rebaño de Dios, uno que esta divinamente dotado por Dios para impartir seguridad a las ovejas.

El esposo de mi tía es un pastor de ovejas en Cuba y, durante mi reciente visita, pude notar que el salía a trabajar de noche. En unas de nuestras conversaciones le pregunte porque él trabajaba de noche y no de día; me respondió que durante el día el cuidado a las ovejas era mínimo, pero de noche se requería un cuidado máximo, ya que mientras duermen las ovejas los pastores tenían que protegerlas de los ladrones y animales que podrían abusar de su vulnerabilidad.

El Salmo 23 es el testimonio de una oveja. Esta oveja dice: *"Jehová es mi Pastor, y nada me faltara."* (vv1) Es una declaración de la confianza que la oveja siente cuando sabe que su pastor está velando por ella. Así, ella puede descansar confiadamente sabiendo que nada ni nadie le podrán hacer daño porque su pastor la cuida constantemente.

Principales Funciones Pastorales

Hay ciertos aspectos de la función pastoral que no se pueden llevar a cabo sin antes establecer una relación con las personas.

Guiar: no puedes esperar que te sigan si no te conocen. *"Mas al extraño no seguirán, sino que huirán de él, porque no conocen la voz de los extraños."* (Juan 10:5)

Restaurar: La restauración es un proceso que nos expone a la vida privada de las personas, si no se establece relación y confianza primero, las personas no nos darán acceso a las áreas quebrantadas de sus vidas. *"Confesaos vuestras ofensas unos a otros, orad unos por otros, para que seáis sanados."* (Santiago 5:16)

Disciplinar: Disciplinar sin relación es considerado un abuso. *"Porque Jehová al que ama castiga, como el padre al hijo que quiere."*

(Proverbios 3:12) Notemos que antes de disciplinar, primero se ama.

Alimentar, Equipar: El pastor, en su función de alimentar y equipar, necesita la confianza de su grey, así, confiadamente, sus seguidores son alimentados y equipados, participando de todo lo que se les provee. *"Y enseñando a todo hombre en toda sabiduría, a fin de presentar perfecto en Cristo a todo hombre."* (Col. 2:28)

El Corazón Pastoral

Los pastores no podemos pasar por alto la importancia de servir a las personas que llegan a nuestras congregaciones con necesidad. Debemos rechazar el modelo pastoral cuya meta es alejarse lo más que se pueda de la gente y adoptar el corazón pastoral que busca la oportunidad para acercarse a las personas y estar presente en sus vidas en los momentos más difíciles.

Cualquiera puede predicar sermones detrás de un púlpito acrílico, pero tocar a las personas, amar a las personas y ser de servicio a sus vidas es la consigna de un pastor. En este tiempo, necesitamos un ministerio quíntuple con esencia de diáconos: Es decir, Apóstoles, Profetas, Evangelistas, Maestros y Pastores que echen su título a un lado y simplemente se concentren en servirle al pueblo de Dios.

Cristo, el Pastor de los Pastores, no vino para ser servido, El vino a servir y a ofrendar su vida por el bien de otros. Hay que cuestionar la motivación de cualquier "ministro" o "ministerio" que no esté fundamentado sobre ese principio. No hay forma de graduarnos o ascender a un nivel espiritual o ministerial tan alto que nos libere de nuestra responsabilidad de servir. *"El buen pastor su vida da por las ovejas."* (Juan 10:11)

La función pastoral persigue las relaciones. Una vez conocí a un individuo que quería ser pastor pero no le gustaba andar entre las personas, prefería la soledad. Yo le sugerí que buscara empleo en un bosque; claramente, su llamado no era ser pastor. Quien anhela esta santa vocación persigue las relaciones, creando un sentido de comunidad entre las ovejas. *"Y a sus ovejas llama por su nombre, y las saca."* (Juan 10:3)

El Pastor en Los Momentos Críticos

En mi experiencia pastoral he notado que, las mayorías de las personas que llegan para ser pastoreadas siempre llegan en la hora más oscura de sus vidas; llegan en la noche de sus matrimonios, en la noche de sus vidas personales y al anochecer de su salud. Es en esos momentos, cuando las obras malignas de las tinieblas están al punto de desgarrar sus vidas, es cuando se activa el don pastoral para restaurar esas vidas y guiarlas al cumplimiento del propósito divino para ellas.

Nicodemo vino a Cristo de noche y su vida fue transformada para siempre, porque se encontró con un Pastor que pudo ver más allá de sus preguntas y vio un hombre con gran necesidad. En la vida de Nicodemo era de noche dos veces; el sol se había puesto en su día y, peor aún, la luz de Cristo no brillaba en su ser. Sin molestia y con mucho amor, Cristo expuso a Nicodemo a la experiencia del nuevo nacimiento.

A Veces el Pastor Recibe Mal por Bien

No puedo cerrar el tema de la importancia de las relaciones entre pastor y oveja sin tocar un punto que, durante mi tiempo como pastor, he llamado "la gran injusticia." Las relaciones que te llevan a ser de bendición a las vidas de las personas que pastoreas también te expondrán a ser herido.

Por encima de nuestra diversidad de dones, talentos y habilidades, todos los pastores tenemos algo en común: todos hemos sido heridos por alguien que amamos dentro de nuestra congregación, todos hemos sido deshonrados por alguien que consideramos un hijo espiritual.

No importa cuántas veces nos pase, siempre nos sorprende cuando sucede, pues es algo que no esperamos de personas por las cuales hemos orado para que sean sanados y bendecidos a través de los años. No hay forma de prevenir este tipo de herida; tratar de prevenirla nos llevaría a proteger nuestros corazones, levantando barreras que nos separarían de las otras personas que verdaderamente nos aman, y eso nos descalificaría de la función a la cual hemos sido llamados.

Esos son los momentos que te permiten conocer más profundamente la Gracia de Dios que acompaña tu llamado y elección. Esa Gracia que cubre tu corazón de la amargura, del resentimiento y de los resultados de la traición te sana milagrosamente y te fortalece para que el siguiente domingo te pares frente a tu congregación y los edifiques como que no pasó nada.

Nunca olvides que no fuiste llamado a pastor por el voto popular; fuiste escogido por Dios en el vientre de tu madre, como lo dice el Apóstol Pablo: *"Pero cuando agrado a Dios, que me aparto desde el vientre de mi madre, y me llamo por su Gracia."* (Gal. 1:15) Estas capacitado por Dios para cumplir tu asignación de pastor y terminar la carrera con la esperanza de recibir la Corona de Justicia, la cual te dará el Señor, juez justo.

En las palabras del gran cantautor y amigo René González, "No te rindas." No permitas que las traiciones se conviertan en la excusa que te lleven a abandonarlo todo, recuerda que solo los asalariados huyen, tú eres llamado.

No Puedes Ser Un Llanero Solitario...

Muchos pastores son llaneros solitarios que pretenden caminar esta jornada sin relacionarse con personas que tengan intereses comunes. Por eso quiero hablarte de la importancia de tener un círculo íntimo de amistades personales. Es sumamente beneficioso para el pastor cultivar amistades que ayuden, consuelen y traigan un grado saludable de balance y perspectiva a sus vidas.

No estoy hablando de cobertura, aunque esta también es necesaria. Estoy hablando de amigos, esas personas que han estado y estarán en tu vida en tus peores momentos, pero que también han celebrado tu éxitos, conocen a tu familia y se hacen parte de ellas, aquellos que tu perro ve llegar a tu hogar y no les ladra como a un extraño, porque hasta él los conoce.

Me refiero a aquellos amigos a los que acudes cuando eres tentado, aquellos con los que compartes tus temores e inquietudes; los que te ven en tu momento más vulnerable y te siguen amando y respetando, porque para ellos no eres un púlpito ni una ofrenda más; eres un amigo. Tiene que haber en tu vida personas con las cuales tú - como persona, no como ministro - pueda relacionarse y abrir su corazón sin temor a ser traicionado o rechazado.

Doy gracias a Dios porque me ha rodeado de un círculo de amigos que, a través de los años, han servido para bendecir mi vida personal, mi familia y me han ayudado a ser un mejor ministro a mi congregación. El resultado triunfal de muchas cosas que emprendí hubieran sido derrotas si no fuera por el consejo de amigos como estos.

La Familia del Pastor y La Iglesia

Finalmente, quiero hablarte de la relación más importante después de tu relación con Dios: la relación con tu familia. Quiero que sepas que, como pastor, serás retado fuertemente en tu llamado a desarrollar esta dos instituciones: tu familia y la Iglesia, y que habrán tiempos cuando te faltara tiempo, sabiduría, estrategia y fuerza para mantener el balance entre las dos.

Primeramente, no edifiques la Iglesia al costo de tu familia. Debes entender que Dios te ha dado la mujer o el hombre correcto para llevar a cabo ese ministerio. Tú y tu cónyuge son un equipo, participantes de una común visión, dos individuos en una unidad que Dios determino de ante-mano usar para la edificación de Su pueblo.

Entender ese principio es entender que la salud matrimonial es importante para la salud de la Iglesia. Todo lo que siembres en tu matrimonio lo cosecharas tu personalmente, pero también lo cosechara la Iglesia; lo opuesto también es verdad; la escasez con que siembres en tu matrimonio te afectara negativamente a ti, pero también afectara de igual manera a la congregación. Esfuérzate por mantener la chispa encendida en tu matrimonio, y grandes ganancias te dará.

En segundo lugar, cuando nazcan tus hijos tendrás el reto de edificar dos casas, la casa de Dios, que es la Iglesia, y tu familia. Entonces, necesitaras la sabiduría de Dios para balancear equitativamente las importantes funciones de ser esposo, padre y pastor. Te confieso que a veces he quedado vulnerable ante la presión de querer hacer que mis hijos sean perfectos e intachables modelos que otros puedan imitar, y no siempre lograrlo.

Es allí donde Dios me ha enseñado que mi función paternal no es llevar a mis hijos a conocer a Dios a través de mi experiencia, sino instruirlos para que ellos tengan su propia experiencia personal con Cristo, para que ellos mismos encuentren la buena, agradable y perfecta voluntad de Dios para sus vidas. Cuando eso suceda, ni su relación con Dios ni sus ministerios serán una imposición humana, sino una impartición divina sobre sus vidas.

Conclusión

Quizá de vez en cuando pienses que no todo está a tu favor, que no tienes las cartas necesarias para ganar el juego. Pero no te olvides nunca que Dios no se ha equivocado al seleccionarte como pastor, y que tienes todo lo que necesitas para cumplir tu asignación: tienes los dones correctos, el temperamento correcto, te ha conectado con las relaciones correctas y, como si fuera poco, te ha dado la familia correcta.

Permíteme cerrar estas palabras profetizándote que Dios cumplirá Su propósito pastoral en tu vida; nunca olvides que el destino de Su Iglesia no descansa sobre nuestras ideas, nuestro esfuerzo o nuestra perfección. Dios te llamo para que colaboraras con lo que Él ya estaba edificando; El vio tu presente y tu futuro desde el pasado y no titubeo en escogerte, por lo tanto no titubees tú, dale pa'lante porque lo mejor está por venir. Declaro también que veras el fruto de tu obediencia y perseverancia.

CAPITULO 5

LA OFICINA DEL MAESTRO

MAESTRO ARNALDO GINÉS SOTO

Arnaldo Ginés es el Pastor General y fundador de los Ministerios Pacto Eterno de Dios, con dos congregaciones en las ciudades de Manatí y Orocovis Puerto Rico. Es mentor y padre espiritual de varios Pastores. Está casado con la Pastora Janet Rodríguez con quien procreó tres hijos varones. Gran parte de su vida lo ha dedicado a los medios de comunicaciones, trabajando en varias estaciones de radio en la zona norte de Puerto Rico tales como, Radio Atenas, Super K 106 y Delta 107. Fue reportero del Periódico el Ecográfico. Se graduó del Colegio de Ciencias Policiales y laboró en la Policía de P.R. por siete años principalmente en el área de comunicaciones. Actualmente ostenta el rango de Comandante Honorífico.

Hace 16 años sufrió un fallo renal por lo que fue sometido a un trasplante de riñón el cual fue donado por su señora madre Julia Soto, pero reconoce que Dios lo tiene vivo para cumplir su propósito.

En su carrera profesional secular, fue camarógrafo de noticias para Telenoticias (Telemundo) y Noticentro 4. Como reportero laboró para WKAQ Radio Reloj y en Las Noticias de Teleonce donde se desempeñó como Reportero Ancla por 15 años para Univisión. Como parte de su profesión fue galardonado en varias ocasiones como reportero del año por los Premios Quijote, Premios Paoli, el Overseas Press Club, Premios Paloma de la Paz, la Legislatura, el Gobernador y el Departamento de Estado de P.R.

A los 16 años de edad recibió el llamado Pastoral pero es a sus 40 años que se da el cumplimiento. Cursó estudios, en la Universidad Interamericana Recinto Aguadilla, en el Instituto de la Iglesia de Cristo Misionera, Vision University Ramal Ponce, Colegio de Ciencias Policiales y la Universidad Cristiana Ramal Manatí.

Arnaldo Ginés Soto posee una Maestría en Teología.

CAPITULO 5

LA OFICINA DEL MAESTRO

Dios creó al ser humano con una capacidad de aprendizaje constante. Nunca es demasiado tarde para aprender y mientras haya disposición no hay límites para conocer más. La Iglesia está en un momento maravilloso de crecimiento continuo y con un gran apetito por la palabra de Dios. Tenemos a la disposición miles de libros, diccionarios y compendios escritos por hombres y mujeres de Dios sobre diversos temas bíblicos. Diariamente cientos de conferencias, congresos, talleres, escuelas, colegios, institutos y universidades capacitan a miles de creyentes. Medios de comunicaciones masivos como la radio, televisión e Internet de manera interrumpida transmiten mensajes basados en la palabra de Dios y, para completar, nos exponemos a miles de horas de servicios congregacionales en los cuales se predica la palabra divina.

Ahora es cuando más que nunca el ministerio del maestro necesita ser ejercido de manera correcta para corroborar si es que estamos enseñando lo que sabemos, o sabemos lo que estamos enseñando. Aunque parezca lo mismo, en realidad no lo es. Podemos enseñar lo que hemos aprendido, lo interesante será saber si lo que hemos aprendido es correcto.

Muchos mensajes están basados en lo que alguien dijo y cuando lo repetimos, a eso le llamamos enseñar lo que sabemos. Cuando escudriñamos las Escrituras y basamos nuestros mensajes en una teología y exégesis correcta y hemos corroborado lo que algún predicador dijo, entonces sabemos lo que estamos enseñando. No hay duda que el cuerpo se alimenta del cuerpo, pero alguien tiene que examinar nuestros mensajes. Muchas personas conocen de las Escrituras pero no conocen al Dios de las Sagradas Escrituras. Debemos examinarnos para analizar que no estemos tan ocupados enseñando de Dios, que ya no tengamos tiempo para ser enseñados por Él.

Cuando decimos enseñar lo que sabemos, nos referimos a que ministramos palabra de Dios que hemos leído en la Biblia, pero que todavía no la hemos asimilado en nuestras vidas. Palabra de Dios aprendida sin ser aplicada o asimilada en la vida del predicador, son simples sermones, declaraciones doctrinales o información, pero cuando esa palabra "logos" se vuelve "rhema" en la vida del mensajero, entonces sabemos lo que enseñamos.

Ahora que las funciones de los cinco ministerios están siendo ejercidas para edificar a la Iglesia de Cristo es cuando el ministerio del maestro tiene mayor importancia. Los apóstoles, profetas, pastores, evangelistas y maestros todos son del mismo valor, pero claro está, distintos en sus funciones. Un maestro no tiene que ser apóstol, profeta, pastor o evangelista, pero todos ellos, de alguna manera, necesitan ser maestros en la palabra de Dios.

Fundamento Histórico Bíblico Básico

Según la etimología de la palabra "Torá" esta viene de la palabra en hebreo "Torah" que se entiende como "Ley". Es más comúnmente conocida como El Pentateuco, los primeros cinco libros de la Biblia, pero también significa "instrucción", "enseñanza", o "enseñando".

En el Antiguo Testamento, la enseñanza era una de las funciones impartidas a los sacerdotes. *"Y deben enseñarles a los israelitas todos los decretos que el Señor les ha dado por medio de Moisés"* (Levíticos 10:11 NTV). Dios en un momento dado se comprometió con Moisés y Aarón en ser su Maestro. *"Tú hablarás a él, y pondrás en su boca las palabras, y yo estaré con tu boca y con la suya, y os enseñaré lo que hayáis de hacer"* (Éxodo 4:15 RV60).

En la Biblia la capacidad de enseñar, ser un maestro, está relacionada directamente con ser lleno del Espíritu. Este es el caso de Bezalel de la tribu de Judá, uno de los escogidos para la construcción del Tabernáculo. *"El Señor llenó a Bezalel del Espíritu de Dios, y le dio gran sabiduría, capacidad y destreza en toda clase de artes manuales y oficios. Él es un maestro artesano, experto en trabajar el oro, la plata y el bronce. Es hábil en grabar, en incrustar piedras preciosas y en tallar madera. ¡Es un maestro en todo trabajo artístico! El Señor les ha dado tanto a él como a Aholiab, hijo de Ahisamac, de la tribu de Dan, la capacidad de enseñar a otros sus habilidades técnicas"* (Éxodo 35:31–34 NTV). Desde el Antiguo Testamento podemos ver al maestro como uno de los dones necesarios para edificar. *"Ahora bien, Cristo dio los siguientes dones a la iglesia: los apóstoles, los profetas, los evangelistas, y los pastores y maestros. Ellos tienen la responsabilidad de preparar al pueblo de Dios para que lleve a cabo la obra de Dios y edifique la iglesia, es decir, el cuerpo de Cristo"* (Efesios 4:11-12 NTV).

En el Nuevo Testamento el término griego más utilizado para maestro es "didaskalos". A nuestro Señor Jesucristo se le conocía como Maestro. Estos son algunos textos bíblicos que lo comprueban. *"Y vino un escriba y le dijo: Maestro, te seguiré adondequiera que vayas"* (Mateo 8:19 RV60). *"Y él estaba en la popa, durmiendo sobre un cabezal; y le despertaron, y le dijeron: Maestro, ¿no tienes cuidado que perecemos?"* (Marcos 4:38 RV60). *"Entonces respondiendo Jesús, le dijo: Simón, una cosa tengo que decirte. Y él le dijo: Di, Maestro"* (Lucas 7:40 RV60). *"Habiendo dicho esto, fue y llamó a María su hermana, diciéndole en secreto: El Maestro está aquí y te llama"* (Juan 11:28 RV60).

En una ocasión, cuando Jesús terminó de lavarle los pies a sus apóstoles, les dijo lo siguiente: *"Vosotros me llamáis Maestro, y Señor; y decís bien, porque lo soy. Pues si yo, el Señor y el Maestro, he lavado vuestros pies, vosotros también debéis lavaros los pies los unos a los otros"* (Juan 13:13-14 RV60).

En mi apreciación, Cristo nos dio una tremenda lección siendo El Maestro de maestros, El "Rabí". Nos enseñó que necesitamos tener los "pies" limpios. En otras palabras, que nuestras enseñanzas sean puras y libres de contaminación por el andar de aquí para allá, porque: *"De cierto, de cierto os digo: El que recibe al que yo enviare, me recibe a mí; y el que me recibe a mí, recibe al que me envió"* (Juan 13:20 RV60). Como mensajeros, maestros que somos de Cristo, llevamos la enseñanza de Él, por lo tanto el que recibe nuestras enseñanzas lo recibe a Él.

Según la tradición, cuando un judío regresaba a Judea después de visitar un país extranjero, debía sacudir el polvo de sus pies. Era una manera simbólica de mantener el territorio sin la contaminación del polvo procedente de otros lugares. Precisamente Jesús le dio instrucciones específicas a sus discípulos en este contexto, pero enmarcado en la enseñanza. *"Y si alguno no os recibiere, ni oyere vuestras palabras, salid de aquella casa o ciudad, y sacudid el polvo de vuestros pies"* (Mateo 10:14 RV60). Vamos a pisar muchos lugares enseñando la Palabra. No todos la van a recibir. Por lo tanto sacudámonos nuestros pies del polvo de la incredulidad o de la contaminación de otros pensamientos para cuando enseñemos, nuestros "pies estén limpios" y el borde "la palabra" de nuestras vestiduras no se altere.

Este es el caso de una mujer que por su condición de salud, se le tenía prohibido tocar a las personas, incluyendo a los maestros de la época, pero ella entendió que no tenía prohibido tener contacto con la palabra. *"Pero una mujer que padecía de flujo de sangre desde hacía doce años, y que había gastado en médicos todo cuanto tenía, y por ninguno había podido ser curada, se le acercó por detrás y tocó el borde de su manto; y al instante se detuvo el flujo de su sangre"* (Lucas 8:43-44 RV60). Esta mujer no podía tocar a Jesús, al Maestro, ya que se le consideraba inmunda, por tal razón optó por tocar la palabra que El cargaba. El borde del manto rozaba con los pies de Jesús, ella se dobló a sus pies, se humilló y lo tocó. Ella diría para sí, "Ya que se me está prohibido por las leyes religiosas tocar al "Didaskalo" (Maestro) tocó lo que Él enseña".

En los tiempos de Jesús, los hombres usaban el "Talit" siempre que salían de la casa. La tela o el manto cubría desde los hombros hasta los pies. En el borde amarraban flecos en obediencia al mandamiento bíblico. *"Y Jehová habló a Moisés, diciendo: Habla a los hijos de Israel, y diles que se hagan franjas en los bordes de sus vestidos, por sus generaciones; y pongan en cada franja de los bordes un cordón de azul. Y os servirá de franja, para que cuando lo veáis os acordéis de todos los mandamientos de Jehová, para ponerlos por obra; y no miréis en pos de vuestro corazón y de vuestros ojos, en pos de los cuales os prostituyáis. Para que os acordéis, y hagáis todos mis mandamientos, y seáis santos a vuestro Dios"* (Números 15:37-40 RV60). La palabra "franja" o "borde" en el Nuevo Testamento es una traducción del griego "kraspedon" que se deriva de la palabra "margen," refiriéndose específicamente a un fleco o una borla. El borde del manto no sólo recuerda a los judíos sobre obedecer los mandamientos, sino que también les recuerda que no deben vivir según su propio conocimiento e inteligencia. Ese consejo también debe aplicarnos a nosotros.

Aprendamos que lo que transforma las vidas de las personas no es el "maestro", sino la palabra de Dios que carga, ministra y enseña éste. Claro, la mujer del flujo de sangre en esta porción bíblica tocó al "Verbo" a la "Palabra" pura sin ser interpretada por mente humana. *"En el principio la Palabra ya existía. La Palabra estaba con Dios y la Palabra era Dios. El que es la Palabra existía en el principio con Dios"* (Juan 1:1-2 NTV).

Muchas personas rodeaban a Jesús, pero lo estaban apretando *"Entonces Jesús dijo: ¿Quién es el que me ha tocado? Y negando todos, dijo Pedro y los que con él estaban: Maestro, la multitud te aprieta y oprime, y dices: ¿Quién es el que me ha tocado? Pero Jesús dijo: Alguien me ha tocado; porque yo he conocido que ha salido poder de mí"* (Lucas 8:45-46 RV60). Que interesante es notar que decenas de personas tuvieron contacto con la misma palabra. Los que estaban cerca de Jesús, lo que hacían era apretarlo. Cuando enseñamos y predicamos, muchas personas "apretarán" pero otros "tocarán". Los que "aprietan" solo sacan información, pero los que tocan reciben revelación.

Tenemos muchas personas en nuestras congregaciones bien informadas, pero son menos las transformadas. El problema no está en el maestro ni mucho menos en la Palabra, por supuesto si se ministra conforme a las Escrituras Sagradas. En un servicio regular se ministra la misma palabra para todos los presentes. Algunos sencillamente tomarán la palabra como información y otros recibirán revelación. Los que apretaron a Jesús, continuaron iguales, pero la mujer que tocó la palabra del Maestro fue transformada. La información produce cambios temporeros, pero cuando algo es transformado, no regresa al estado original del que fue transformado.

No olvidemos la gran comisión, *"Jesús se acercó y dijo a sus discípulos: «Se me ha dado toda autoridad en el cielo y en la tierra. Por lo tanto, vayan y hagan discípulos de todas las naciones, bautizándolos en el nombre del Padre y del Hijo y del Espíritu Santo. Enseñen a los nuevos discípulos a obedecer todos los mandatos que les he dado. Y tengan por seguro esto: que estoy con ustedes siempre, hasta el fin de los tiempos"* (Mateo 28:18-20 NTV). Lamentablemente la religiosidad ha reducido el poder de la palabra de Dios a simples historias bíblicas. Tenemos que discipular, tenemos que bautizar pero recordando que lo más importante del bautismo no es lo que pasó antes de sumergirse, sino lo que pasa después de ascender de las aguas. Hay muchas personas "mojadas" pero no transformadas.

Hay poder en la enseñanza cuando se hace en autoridad y esto es lo que transforma. *"Sucedió un día, que enseñando Jesús al pueblo en el templo, y anunciando el evangelio, llegaron los principales sacerdotes y los escribas, con los ancianos, y le hablaron diciendo: Dinos: ¿con qué autoridad haces estas cosas? ¿o quién es el que te ha dado esta autoridad?"* (Lucas 20:1-2 RV60). La gente puede ser libre en medio de una poderosa enseñanza con la autoridad de la palabra de Dios. Este es el caso de un hombre que estaba bien informado, pero endemoniado, *"Jesús y sus compañeros fueron al pueblo de Capernaúm. Cuando llegó el día de descanso, Jesús entró en la sinagoga y comenzó a enseñar. La gente quedó asombrada de su enseñanza, porque lo hacía con verdadera autoridad, algo completamente diferente de lo que hacían los maestros de la ley religiosa. De pronto, un hombre en la sinagoga, que estaba poseído por un espíritu maligno, comenzó a gritar: «¿Por qué te entrometes con nosotros, Jesús de Nazaret? ¿Has venido a destruirnos? ¡Yo sé quién eres: el Santo de Dios!». «¡Cállate! —lo interrumpió Jesús y le ordenó—: ¡Sal de este hombre!». En ese mismo momento, el espíritu soltó un alarido, dio convulsiones al hombre y luego salió de él. El asombro se apoderó de la gente, y todos comenzaron a hablar de lo que había ocurrido. «¿Qué clase de enseñanza nueva es ésta? —se preguntaban con emoción—. ¡Tiene tanta autoridad! ¡Hasta los espíritus malignos obedecen sus órdenes!»* (Marcos 1:21-27 NTV). Ese demonio se molestó con la enseñanza de Jesús porque sencillamente estaba enseñando "algo completamente diferente de lo que hacían los maestros de la ley religiosa de aquella época" y todavía "gritan" cuando un maestro con la autoridad de Dios y respaldado por la palabra en este tiempo rompe con toda estructura edificada por el razonamiento religioso humano. Ese espíritu maligno, el apóstol Pablo lo describe como fortalezas de creencias religiosas que impiden la revelación. *"Usamos las armas poderosas de Dios, no las del mundo, para derribar las fortalezas del razonamiento humano y para destruir argumentos falsos. Destruimos todo obstáculo de arrogancia que impide que la gente conozca a Dios. Capturamos los pensamientos rebeldes y enseñamos a las personas a obedecer a Cristo"* (2 Corintios 10:4-5 NTV). Así que una persona estaba en la sinagoga atada a un espíritu maligno de religiosidad y fue libre mientras Jesús enseñaba. Este hombre terminó a los pies puros de nuestro Maestro.

En la antigüedad los discípulos se sentaban a los pies de sus maestros para recibir la educación. Por esta razón el apóstol Pablo mencionó tan particular detalle: *"Yo de cierto soy judío, nacido en Tarso de Cilicia, pero criado en esta ciudad, instruido a los pies de Gamaliel, estrictamente conforme a la ley de nuestros padres, celoso de Dios, como hoy lo sois todos vosotros"* (Hechos 22:3 RV60). De hecho los apóstoles enseñaban con tanta autoridad divina, que los que se sentaban a sus pies a escucharlos, luego traían ofrendas a sus pies: *"Y con gran poder los apóstoles daban testimonio de la resurrección del Señor Jesús, y abundante gracia era sobre todos ellos. Así que no había entre ellos ningún necesitado; porque todos los que poseían heredades o casas, las vendían, y traían el precio de lo vendido, y lo ponían a los pies de los apóstoles; y se repartía a cada uno según su necesidad. Entonces José, a quien los apóstoles pusieron por sobrenombre Bernabé (que traducido es, Hijo de consolación), levita, natural de Chipre, como tenía una heredad, la vendió y trajo el precio y lo puso a los pies de los apóstoles"* (Hechos 4:33-37 RV60). Esas ofrendas particularmente se usaban para bendecir a los necesitados, pero es bíblico que a los predicadores, especialmente a los maestros, se les bendiga con ofrendas. A veces se critica el hecho de que cuando alguien ministra la palabra de Dios, pongan ofrendas a los pies del predicador. Hay que pensar lo que está pasando en la vida del ofrendante. Una ofrenda de agradecimiento a Dios por la vida del maestro que le impartió una enseñanza que le reveló algo que desconocía y que lo ayudó en el proceso de transformación.

Una de las ofrendas más grandes, en significado y valor monetario depositadas a los pies de Jesús fue hecha por una mujer. *"Uno de los fariseos invitó a Jesús a cenar, así que Jesús fue a su casa y se sentó a comer. Cuando cierta mujer de mala vida que vivía en la ciudad se enteró de que Jesús estaba comiendo allí, llevó un hermoso frasco de alabastro lleno de un costoso perfume. Llorando, se arrodilló detrás de él a sus pies. Sus lágrimas cayeron sobre los pies de Jesús, y ella los secó con sus cabellos. No cesaba de besarle los pies y les ponía perfume"* (Lucas 7:36-38 NTV). Las lágrimas de esta mujer cayeron en los pies del Maestro como evidencia del poder de la transformación de Jesús operando en la vida de ella y en agradecimiento dio la mejor ofrenda. Derramó perfume estando a los pies de Jesús. El perfume era el más costoso, pero cuando estás frente a Jesús, todo lo que parecía tener valor pasa a un segundo plano. Cuando estás frente a Jesús y recibes una revelación de Él, nada tiene más valor. El perfume caro, la ofrenda, ni el dinero nos transforma, pero Cristo sí. Él no pidió nada, pero esta mujer lo hizo en agradecimiento. Siempre habrá quien critique esta acción. *"Y hubo algunos que se enojaron dentro de sí, y dijeron: ¿Para qué se ha hecho este desperdicio de perfume? Porque podía haberse vendido por más de trescientos denarios, y haberse dado a los pobres. Y murmuraban contra ella. Pero Jesús dijo: Dejadla, ¿por qué la molestáis? Buena obra me ha hecho"* (Marcos 14:4-6 RV60). En este tiempo algunos critican el hecho de cuando alguien recibe una revelación de la palabra y en agradecimiento coloca a los pies del predicador una ofrenda, se ofenden. Me opongo a la manipulación para obtener ganancia económica, pero no podemos prohibir el gesto de un corazón agradecido que desea bendecir la vida de un hombre o una mujer de Dios, que le ministró una palabra "rhema" a su vida. Cuando somos sinceros en nuestros actos, tenemos el permiso de Jesús para hacerlo: "Dejadla, ¿por qué la molestáis? Buena obra me ha hecho".

Jesús El Maestro

La palabra señal en su raíz griega significa dar a entender, informar y declarar. Esta fue la señal que vio Nicodemo y algunos otros en Jesús. Es decir, que una de las señales de un maestro es traer entendimiento al pueblo a través de la Palabra. *"Había entre los fariseos un dirigente de los judíos llamado Nicodemo. Éste fue de noche a visitar a Jesús. —Rabí—le dijo—, sabemos que eres un maestro que ha venido de parte de Dios, porque nadie podría hacer las señales que tú haces si Dios no estuviera con él"* (Juan 3:1-2 NVI).

Jesucristo es la fuente de inspiración del ministerio del maestro. El título de Maestro en referencia a Jesús era expresado por los discípulos y debidamente registrado aproximadamente 45 veces en los evangelios. De esta manera reconocían su autoridad como educador en la Palabra y liderazgo.

Gran parte del ministerio de Jesús en la tierra fue enseñarnos los principios del Reino de Dios.

Cuando Jesús enseñaba había otros maestros, como los fariseos, escribas, saduceos entre otros, pero nuestro Maestro tenía autoridad para enseñar. No era un maestro común, había un poder especial en sus palabras. Sus frases calaban profundo en sus corazones. Se maravillaban no solo de lo que decía, sino la forma en que lo decía.

Definición de Maestro Antiguo y Nuevo Testamento

En el Antiguo Testamento, un maestro se refería a la habilidad o a la capacidad especial de alguien para la realización de tareas artesanales, lo que para nosotros hoy en día es un maestro de obra en la construcción. En el Nuevo Testamento el maestro se trata de un instructor, aquel que interpreta las Escrituras bajo la revelación del Espíritu Santo y las enseña de forma simple. Es uno que enseña todo lo concerniente a Dios. En términos bíblicos, maestros son aquellos cristianos que tienen la habilidad de impartir entendimiento del Reino de Dios a otros, que hacen que la doctrina sea entendible, clara y funcional. Tienen la unción para exponer de una manera accesible, fresca y libre. Hacen edificante un tema bíblico, que transforma y restaura vidas. Son guía de las personas que instruyen. Dan a conocer la verdad de Cristo que hace libre a las personas.

Función del Maestro

La función principal del maestro es capacitar por medio de la enseñanza a los santos para la obra. El ministerio magisterial analiza y traza la palabra de Dios. Es quien imparte conocimiento e información al intelecto y revelación al alma y espíritu. Para hacer discípulos, uno de los mandamientos del Señor, necesariamente deben de haber maestros para esta función. Los maestros enseñan la doctrina apostólica, también a escudriñar y discernir las Escrituras.

Características del Maestro

Una de las virtudes principales del maestro es que sea de confianza y capacitado. *"Lo que me has oído decir en presencia de muchos testigos, encomiéndalo a creyentes dignos de confianza, que a su vez estén capacitados para enseñar a otros"* (2 Timoteo 2:2 NVI).

Debe ser sometido y fiel a lo que se le enseñó bíblicamente. *"Pero gracias a Dios que, aunque antes eran esclavos del pecado, ya se han sometido de corazón a la enseñanza que les fue transmitida"* (Romanos 6:17 NVI).

Debe tener pasión por el estudio de la palabra, dedicado a examinar, escudriñar e investigar: *"Además de ser sabio, el Maestro impartió conocimientos a la gente. Ponderó, investigó y ordenó muchísimos proverbios. Procuró también hallar las palabras más adecuadas y escribirlas con honradez y veracidad"* (Eclesiastés 12:9-10 NVI).

Como requisito indispensable y obvio, es leer y examinar constantemente la Palabra, acompañado de la oración, pidiendo la iluminación del Espíritu Santo. *"En tanto que llego, dedícate a la lectura pública de las Escrituras, y a enseñar y animar a los hermanos"* (1 Timoteo 4:13 NVI).

Inteligencia y buena enseñanza, sale de la boca de los maestros: *"Escuchen, hijos, la corrección de un padre; dispónganse a adquirir inteligencia. Yo les brindo buenas enseñanzas, así que no abandonen mi instrucción"* (Proverbios 4:1-2 NVI).

Enseña a vivir de manera sabia: *"Escucha, hijo mío; acoge mis palabras, y los años de tu vida aumentarán. Yo te guío por el camino de la sabiduría, te dirijo por sendas de rectitud"* (Proverbios 4:10-11 NVI).

El maestro instruye acerca de la importancia y beneficio de sus enseñanzas: *"Y ahora, hijos míos, escúchenme: dichosos los que van por mis caminos.*

Atiendan a mi instrucción, y sean sabios; no la descuiden. Dichosos los que me escuchan y a mis puertas están atentos cada día, esperando a la entrada de mi casa. En verdad, quien me encuentra, halla la vida y recibe el favor del Señor" (Proverbios 8:32-35 NVI).

El maestro debe ser una persona seria, preparada, educada, analítica, entusiasta y apasionada por la palabra de Dios. Debe ser humilde y no usar su capacidad de enseñar para impresionar con supuestas revelaciones "nuevas", sino que transmite un mensaje claro y sencillo del evangelio.

Debe estar dispuesto siempre a aprender: *"Por aquel entonces llegó a Éfeso un judío llamado Apolos, natural de Alejandría. Era un hombre ilustrado y convincente en el uso de las Escrituras. Había sido instruido en el camino del Señor, y con gran fervor hablaba y enseñaba con la mayor exactitud acerca de Jesús, aunque conocía sólo el bautismo de Juan. Comenzó a hablar valientemente en la sinagoga. Al oírlo Priscila y Aquila, lo tomaron a su cargo y le explicaron con mayor precisión el camino de Dios"* (Hechos 18:24-26 NVI).

Nadie nace siendo maestro. Ejercer el ministerio de maestro correctamente conlleva primero la tarea de aprender, para luego poder enseñar. Esto aplicándolo primeramente en su vida para luego instruir a los demás en cómo se deben hacer las cosas.

Objetivo del Maestro

Mediante la enseñanza bíblica, el maestro hace que la gente permanezca en el evangelio y establece el señorío de Cristo en sus vidas. *"Después partió Bernabé para Tarso en busca de Saulo, y cuando lo encontró, lo llevó a Antioquía. Durante todo un año se reunieron los dos con la iglesia y enseñaron a mucha gente. Fue en Antioquía donde a los discípulos se les llamó «cristianos» por primera vez"* (Hechos 11:25-26 NVI).

Sabemos que la fe viene por el oír la palabra de Dios, por lo tanto el maestro por medio de la enseñanza abre el oído espiritual de la iglesia, no para que sepa más sino para que aplique más. Cuando ministro la palabra, la mayoría de las veces, uso elementos ilustrativos, escenografías y vestuarios, pero es parte de mi manera de enseñar, pues la gracia es multiforme. Lo importante es que el mensaje esté fundamentado en la Palabra.

No se debe dar por hecho de que la palabra de Dios puede ser entendida por todo el pueblo. Necesitamos al maestro para que la explique. No basta solo con aprender varios textos y citarlos de memoria, debemos ser responsables en la exposición de la enseñanza fundamentada en las Escrituras para que éstas sean interpretadas correctamente.

No debería haber espacio para interpretaciones privadas o personales de las Escrituras, mucho menos para causar divisiones y controversias, sino su fin y objetivo es edificar la iglesia.

Consejos Bíblicos Para Ser Buen Maestro

Uno de los mayores consejos que el apóstol Pablo le da a su hijo espiritual Timoteo está ligado estrictamente con la enseñanza; hacer que los nuevos creyentes sean capaces de hacer discípulos a otros y así preservar y transmitir el evangelio a las siguientes generaciones. *"Lo que has oído de mí ante muchos testigos, esto encarga a hombres fieles que sean idóneos para enseñar también a otros"* (2 Timoteo 2:2 RV60).

Más que un consejo, es una seria advertencia, porque la responsabilidad de enseñar es muy grande ya que las palabras, pero sobre todo el ejemplo del maestro, afectan e influyen en la vida espiritual de los demás. Los maestros están sujetos a un juicio más estricto y por eso deben ser muy cautelosos al instruir y enseñar la Palabra. *"Hermanos míos, no os hagáis maestros muchos de vosotros, sabiendo que recibiremos mayor condenación"* (Santiago 3:1 RV60).

El maestro tiene respuestas sabias a importantes preguntas fundamentadas en la Palabra. *"Un joven fue a ver a Jesús, y le preguntó: -Maestro, ¿qué cosa buena debo hacer para tener vida eterna? Jesús le contestó: —¿Por qué me preguntas acerca de lo que es bueno? Bueno solamente hay uno. Pero si quieres entrar en la vida, obedece los mandamientos. —¿Cuáles? —preguntó el joven. Y Jesús le dijo: — 'No mates, no cometas adulterio, no robes, no digas mentiras en perjuicio de nadie, honra a tu padre y a tu madre, y ama a tu prójimo como a ti mismo. —Todo eso ya lo he cumplido —dijo el joven—. ¿Qué más me falta? Jesús le contestó: —Si quieres ser perfecto, anda, vende lo que tienes y dáselo a los pobres. Así tendrás riqueza en el cielo. Luego ven y sígueme"* (Mateo 19:16-21 DHH). Un maestro del evangelio del Reino debe interpretar correctamente las Escrituras para que las personas puedan asimilarlas y aplicarlas a sus vidas. De esta manera conocerán a Jesús y éste les dará vida eterna.

Cuando el maestro enseña debe tener habilidad y resaltar los detalles escriturales para darle sentido a la palabra de Dios. *"También Jesúa, Bani, Serebías, Jamín, Acub, Sabetai, Hodías, Maasías, Kelita, Azarías, Jozabed, Hanán, Pelaías, y los levitas, explicaban la ley al pueblo mientras el pueblo permanecía en su lugar. Y leyeron en el libro de la ley de Dios, traduciéndolo y dándole el sentido para que entendieran la lectura"* (Nehemías 8:7-8 LBLA).

Un maestro enseña única y exclusivamente la verdad de Dios. *"Y le enviaron los discípulos de ellos con los herodianos, diciendo: Maestro, sabemos que eres amante de la verdad, y que enseñas con verdad el camino de Dios, y que no te cuidas de nadie, porque no miras la apariencia de los hombres"* (Mateo 22:16 RV60).

El maestro nunca debe perder de perspectiva que es el Espíritu Santo quien guía a la verdad, por lo tanto, debe ser el primero en ser dirigido. *"Pero cuando venga el Espíritu de verdad, él os guiará a toda la verdad; porque no hablará por su propia cuenta, sino que hablará todo lo que oyere, y os hará saber las cosas que habrán de venir"* (Juan 16:13 RV60).

El maestro debe enseñar con autoridad. *"Porque les enseñaba como quien tiene autoridad, y no como los escribas"* (Mateo 7:29 RV60).

El maestro enlazado con los demás ministerios. . .

El Evangelista Como Maestro

Un Evangelista es un proclamador o predicador de las buenas nuevas del evangelio y éste es apasionado por las almas perdidas. Su ministerio está enfocado primordialmente en llevar el mensaje a los descarriados. Aunque proclamar, del griego "kerússo", no es lo mismo que enseñar "didásko", en la Biblia vemos ejemplos de personas que operaron bajo ambos ministerios en momentos determinados. Estos son los casos de Jesús y Felipe.

En el evangelio de Mateo, capítulo 9 verso 35 dice: *"Recorría Jesús todas las ciudades y aldeas, enseñando en las sinagogas de ellos, y predicando el evangelio del reino, y sanando toda enfermedad y toda dolencia en el pueblo"* (Ver también Lucas.20:1). Jesús proclamaba el evangelio y también lo enseñaba utilizando parábolas y ejemplos que la gente pudiese entender. Hacía obra de evangelista y maestro al mismo tiempo. El poder de la palabra enseñada en boca de los evangelistas provocará milagros espirituales. Se le devolverá la vista espiritual a aquellos que el dios de este siglo había segado y serán traspasados del reino de las tinieblas al reino de la luz.

También está el caso de Felipe que dirigido por el Espíritu Santo le explicó (enseñó) las Escrituras al etíope. *"El Espíritu Santo le dijo a Felipe: «Acércate y camina junto al carruaje». Felipe se acercó corriendo y oyó que el hombre leía al profeta Isaías. Felipe le preguntó: —¿Entiendes lo que estás leyendo? El hombre contestó:—¿Y cómo puedo entenderlo, a menos que alguien me explique? Y le rogó a Felipe que subiera al carruaje y se sentara junto a él"* (Hechos 8:29-31 NTV). Este etíope fue a Jerusalén para adorar, dando a entender que en algún momento alguien le proclamó o le habló la Palabra. Tenía el principio de la adoración, pero no sabía el motivo por el cual adoraba. Había escuchado el mensaje pero aún así no lo había entendido. ¡Tenía la necesidad de un maestro! Muchas personas han escuchado el evangelio, pero no la han recibido porque no se lo han explicado correctamente, quedando así bajo ignorancia. Razón por la cual muchos perecen (Oseas 4:6). Es aquí cuando el Espíritu Santo utiliza a los evangelistas para que funjan como maestros. Que no solamente proclamen el evangelio con poder si no que también lo puedan explicar o enseñar con denuedo.

Cuando el evangelista fluye en el don de la enseñanza, éste puede proclamar, explicar y enseñar las Escrituras de una manera clara y sencilla. De esta manera las personas inconversas pueden recibir el evangelio de una manera más fácil.

El Apóstol Como Maestro

La palabra apóstol literalmente significa "enviado" y se usa para la persona que ha sido enviada o comisionada con un encargo especial. Cuando Jesús resucitó le dijo a sus discípulos (apóstoles): *"Toda potestad me es dada en el cielo y en la tierra. Por tanto, id, y haced discípulos a todas las naciones, bautizándolos en el nombre del Padre, y del Hijo, y del Espíritu Santo; enseñándoles que guarden todas las cosas que os he mandado. . ."* (Mateo 28:18-20 RV60). Los apóstoles fueron enviados con un encargo (comisión) especial de hacer discípulos. ¡Esas fueron las instrucciones específicas del Señor! Al Jesús encomendarles a sus apóstoles que hicieran discípulos, les estaba ordenando que fungieran como maestros. Nadie puede ser un discípulo a menos que no tenga un maestro y nadie puede hacer discípulos a menos que no sea un maestro. La orden fue clara y precisa. Ustedes son apóstoles, pero también son maestros.

El llamado apostólico incluye el ministerio de la enseñanza. Para ser apóstol, primero hay que ser discípulo y luego se es apóstol y maestro. Ese fue el modelo utilizado por el Señor Jesús.

"Toda **potestad** me es dada. . ." dijo Jesús. La palabra potestad viene del griego "exousía" y ésta significa autoridad o influencia delegada. De la misma manera que le fue dada a Jesús la potestad, ahora él se las transfiere a los apóstoles para que vayan, hagan discípulos y enseñen con autoridad, de manera que su enseñanza acompañada de poder produzca fruto. Ahora éstos podían enseñar, no solamente lo que sabían porque lo habían aprendido, sino que ahora sabían lo que iban a enseñar porque lo habían experimentado en sus vidas.

Acomodando lo Espiritual a Lo Espiritual

El apóstol Pablo mencionó que parte de su oficio ministerial era ser maestro. *"Para esto yo fui constituido predicador y apóstol (digo verdad en Cristo, no miento), y maestro de los gentiles en fe y verdad"* (1 Timoteo 2:7 RV60).

En 1 de Corintios 2:13 Pablo enseñó que lo espiritual debía de ser acomodado a lo espiritual. En otras palabras, las realidades espirituales deben ser expresadas o enseñadas con términos espirituales. El apóstol es quien pone cimientos espirituales con palabras espirituales y esto se hace a través de la enseñanza de las Sagradas Escrituras. *"Esto es precisamente de lo que hablamos, no con las palabras que enseña la sabiduría humana sino con las que enseña el Espíritu, de modo que expresamos verdades espirituales en términos espirituales"* (1 Corintios 2:13 NVI).

Cuando los apóstoles enseñan realidades espirituales con palabras espirituales, los cimientos, la fe, en la vida de las personas siempre serán fuertes. No importa los vientos de doctrinas contrarias que soplen siempre este fundamento permanecerá porque fue edificado (enseñado) correctamente (Mateo 7:24).

El Profeta Como Maestro

El profeta es un mensajero o portavoz que habla desde la presencia de Dios; es un hombre con un mensaje directo de Dios. Este escucha a Dios hablar y transmite su mensaje al pueblo, trayendo instrucción y corrección. Este fue el caso de los profetas en el Antiguo Testamento.

Moisés, el mayor profeta para el pueblo Hebreo, dijo que el Mesías sería profeta como él. *"Profeta de en medio de ti, de tus hermanos, como yo, te levantará Jehová tu Dios; a él oiréis;"* (Deuteronomio 18:15 RV60). Cuando estudiamos las Escrituras cuidadosamente encontramos que Moisés, al igual que Jesús, fue tanto profeta como maestro. También Jeremías y Ezequiel enseñaron sus profecías al pueblo.

El ministerio profético en el Antiguo Testamento estaba entrelazado con la enseñanza. Dios le dijo a Moisés en el monte: *"Pero tú, quédate aquí conmigo. Yo te diré todos los mandamientos, las leyes y los decretos que les has de enseñar, para que los pongan por obra en la tierra que les doy para que tomen posesión de ella"* (Deuteronomio 5:31 RV60). La palabra enseñar en este verso viene del hebreo "lamad" y esta puede ser traducida como enseñar, aprender o motivar a aprender. La tarea de Moisés no era solamente profetizarle al pueblo, sino también enseñarle, explicarle y modelarle todos los mandamientos, leyes y decretos de Dios para que estos pudieran tomar posesión de la Tierra Prometida. Cuando el profeta enseña señala el camino que Dios ha señalado y el pueblo puede seguirlo.

Dios le habla al profeta y su responsabilidad es enseñar y explicar todo lo que Él ha dicho sin esconder nada. *"Y el profeta Jeremías les dijo: He oído. He aquí que voy a orar a Jehová vuestro Dios, como habéis dicho, y todo lo que Jehová os respondiere, os enseñaré; no os reservaré palabra"* (Jeremías 42:4 RV60).

"Y me dijo el pueblo: ¿No nos enseñarás qué significan para nosotros estas cosas que haces?" (Ezequiel 24:19 RV60). La enseñanza profética trae la respuesta de Dios. No necesariamente la que el pueblo quiere escuchar, pero sí la que Dios está hablando. En ocasiones la profecía es una palabra de juicio, es dura, pero ésta debe ser enseñada tal y como Dios la habló.

Los profetas que hablan de parte de Dios y no enseñan, le dicen al pueblo dónde están fallando, pero no les dicen cómo regresar al camino. Necesitamos profetas que traigan corrección, pero que también operen bajo el ministerio de la enseñanza para que así impartan la instrucción y dirección de Dios al pueblo, provocando que éste pueda obedecer y permanecer en la Palabra.

El Pastor Como Maestro

La palabra griega para pastor en el Nuevo Testamento es "poimén" y ésta significa uno que cuida, enseña y alimenta manadas o rebaños. Jesús dijo: *"Yo soy el buen pastor..."* (Juan 10:14), pero este era conocido más como maestro que como pastor. La gente seguía a Jesús porque tenían la necesidad de ser pastoreados, pero también porque querían escuchar sus enseñanzas. Ellos entendieron que Jesús era el buen pastor, pero sabían que también era el Gran Maestro, ya que sus enseñanzas eran diferentes a la de los escribas, fariseos y doctores de la ley.

Tu Vara y Tu Cayado Me Infundirán Aliento (Salmo 23:4)

Todo Pastor - Maestro debe de saber utilizar la vara y el cayado. La vara representa la instrucción, corrección y enseñanza (función de maestro), *"La vara y la corrección dan sabiduría;"* (Proverbios 29:15). El cayado representa el ser pastoreados, cuidados y protegidos (función de pastor), *"Pastorea con tu cayado a tu pueblo, al rebaño de tu propiedad. . ."* (Miqueas 7:14 NVI). Cuando el pastor funge como tal, lleva a las ovejas a los pastos frescos, las hace descansar, las unge y las conduce junto a arroyos tranquilos para que éstas renueven sus fuerzas. Cuando funge como maestro las lleva por sendas correctas, les señala el camino y hace que éstas se sientan seguras aún en el valle de sombra de muerte. Esto evita que éstas se descarríen y sean devoradas por los lobos.

Debe de existir un balance entre estos ministerios, tan importante es saber operar en uno como en el otro. Cuando falta el ministerio del maestro las ovejas tienen pastos frescos, pero no son instruidas provocando que éstas sean rebeldes o terminen fuera del camino. Por el contrario cuando falta el ministerio del pastor éstas serán instruidas pero no pastoreadas y terminarán desnutridas.

Siendo Pastor y Maestro

"Y él mismo constituyó a unos, apóstoles; a otros, profetas; a otros, evangelistas; a otros, pastores y maestros", (Efesios 4:11 RV60). El apóstol Pablo en su carta a los Efesios menciona el ministerio pastoral junto con el de maestro, dando a

entender que los pastores también deben de fungir como maestros. Por eso varios de los consejos que el apóstol le da al pastor Timoteo es que los siervos del Señor no deben ser contenciosos, sino amables y aptos para **enseñar** (ver 2 Timoteo 2:24).

Una de las funciones principales del pastor y maestro es sacar a la gente de la ignorancia. Cuando las personas son ignorantes, el enemigo toma ventaja sobre ellas para mantenerlas cautivas. Jesús dijo: " *y conoceréis la verdad, y la verdad os hará libres"* (Juan 8:32). ¡La verdad no se aprende, la verdad se conoce! Jesús dijo: *"Yo soy el camino, y la verdad, y la vida. . ."* (Juan 14:6). Jesús no puede ser aprendido a Él hay que conocerlo. Cuando el pastor opera bajo la unción de maestro enseña la verdad del evangelio y las personas pueden romper con estructuras y fortalezas del pasado.

Toda La Escritura Es Inspirada por Dios

Todo Pastor (predicador) debe saber para qué son útil las Escrituras. Si se reconoce que éstas fueron exhaladas o respiradas por Dios, también se debe reconocer que éstas son provechosas para **enseñar**, para **redargüir**, para **corregir** y para **instruir en justicia**. Todas éstas son funciones que ejerce un maestro. Por lo tanto cuando el pastor fluye en el don de la enseñanza cumple con el propósito para el cuál es beneficiosa la Biblia, esto es con el fin de que el hombre de Dios sea perfecto, enteramente preparado para toda buena obra (2 Timoteo 3:16-17). Es así como el cuerpo de Cristo es edificado.

Cuando No Hay Maestro, Falta La Enseñanza

"Había un hombre llamado Nicodemo, un líder religioso judío, de los fariseos. Una noche, fue a hablar con Jesús: —Rabí —le dijo, todos sabemos que Dios te ha enviado para enseñarnos. Las señales milagrosas que haces son la prueba de que Dios está contigo. Jesús le respondió: —Te digo la verdad, a menos que nazcas de nuevo, no puedes ver el reino de Dios. —¿Qué quieres decir? —exclamó Nicodemo—. ¿Cómo puede un hombre mayor volver al vientre de su madre y nacer de nuevo. Jesús le contestó: —Te digo la verdad, nadie puede entrar en el reino de Dios si no nace de agua y del Espíritu. El ser humano sólo puede reproducir la vida humana, pero la vida espiritual nace del Espíritu Santo. Así que no te sorprendas cuando digo: "Tienen que nacer de nuevo". El viento sopla hacia donde quiere. De la misma manera que oyes el viento pero no sabes de dónde viene ni adónde va, tampoco puedes explicar cómo las personas nacen del Espíritu. —¿Cómo es posible todo esto? —preguntó Nicodemo. Jesús le contestó: —¿Tú eres un respetado

maestro judío y aún no entiendes estas cosas?" (Juan 3:1-10 NTV).

El conocimiento acumulado hasta el presente no debería de alejarnos de la verdadera sana doctrina, del fundamento ni de la verdad de Cristo. El conocimiento del Reino no es nuestra capacidad de recordar los principios del mismo sino nuestra experiencia de cómo operar en él. Para poder entrar en el Reino el ministerio del maestro debe ser ejercido de manera correcta. No podemos conducir a nuestras congregaciones al Reino cuando nosotros nunca hemos entrando en él. No podemos reproducir en otros lo que no tenemos, lo que no hemos vivido, lo que no hemos experimentado. Cuando solo enseñamos lo que sabemos, nos convertimos en maestros y teólogos que divagamos sobre el significado del texto original, pero no podemos probar lo que estamos enseñando porque sencillamente no lo hemos experimentado. Nuestras enseñanzas deberían ser una invitación a vivir experiencias en el Reino. Deberíamos volver a la sencillez de la palabra, a la senda antigua, el detalle es que muchos no podrán hacerlo, porque no se puede volver a un lugar en el cual nunca se ha estado. Pero Dios está llamando a los verdaderos maestros a enseñarles a la nueva generación de ministros y predicadores de la Palabra. Hay mucha revelación, mucho conocimiento, mucha interpretación del Gobierno de Dios y también hay mucha mala interpretación.

Tengamos cuidado en redefinir los conceptos porque sabemos más. Cuando cambiamos los conceptos, cambiamos la percepción. Nuestras enseñanzas deben estar fundamentadas en los conceptos bíblicos y no en los seculares.

Activando a Los Maestros

Todos los ministerios son iguales en importancia, pero claro está distintos en sus funciones. El maestro operando correctamente en el Reino de Dios está poniendo en orden los ministerios, está corrigiendo mensajes equivocados, aunque bien intencionados, definiendo correctamente las manifestaciones prematuras de ministros que no han madurado en la Palabra y sencillamente distorsionan la Palabra no con una intención premeditada, sino por ignorancia.

Entre más influencia tenga un ministro, más conocido será y entre más exposición tenga, más Dios demandará conocimiento. En algunos casos la fama del mensajero creció más rápido que el conocimiento del mensaje. La fama no es perjudicial si se es genuino, el detalle es que a veces se es más famoso que espiritual y conocedor de las Escrituras. Entre más conocido seamos, mayor será el impacto de nuestras palabras. Me parece que manifestaciones falsificadas de los cinco ministerios principales lo que ha hecho es empañar a los verdaderos. De hecho hay mas título que función, pero Dios está levantado una generación de maestros que no va a restaurar el prestigio de los títulos, sino que restaurará las funciones de los ministerios para edificar correctamente a su Iglesia.

El Espíritu Santo posicionará correctamente a los maestros para que nos enseñen cómo operar en nuestras funciones ministeriales conforme al diseño divino. Dios no va a honrar lo que proviene de la sabiduría del hombre que no está fundamentado en su palabra escrita. El maestro debe primero aprender, luego aplicar lo que ha aprendido para así enseñar. Este fue el consejo de Jesús a sus discípulos en una ocasión: *"Entonces Jesús les dijo a las multitudes y a sus discípulos: «Los maestros de la ley religiosa y los fariseos son los intérpretes oficiales de la ley de Moisés. Por lo tanto, practiquen y obedezcan todo lo que les digan, pero no sigan su ejemplo. Pues ellos no hacen lo que enseñan. Aplastan a la gente bajo el peso de exigencias religiosas insoportables y jamás mueven un dedo para aligerar la carga» Todo lo que hacen es para aparentar"* (Mateo 23:1-5 NTV). Los que enseñan la Palabra deben ser testimonio vivo de lo que enseñan. Cuando aplicamos la palabra de Dios tenemos autoridad para impartirla, porque se enseña lo que sabemos, pero solo se imparte lo que somos. *"¿Otra vez comenzamos a elogiarnos a nosotros mismos? ¿Acaso somos como otros, que necesitan llevarles cartas de recomendación o que les piden que se escriban tales cartas en nombre de ellos? ¡Por supuesto que no! La única carta de recomendación que necesitamos son ustedes mismos. Sus vidas son una carta escrita en nuestro corazón; todos pueden leerla y reconocer el buen trabajo que hicimos entre ustedes. Es evidente que son una carta de Cristo que muestra el resultado de nuestro ministerio entre ustedes. Esta «carta» no está escrita con pluma y tinta, sino con el Espíritu del Dios viviente. No está tallada en tablas de piedra, sino en corazones humanos"* (2 Corintios 3:1-3 NTV). Un maestro más que hablar sobre la Palabra, la enseña en su estilo de vida y la procura vivir para ganar respeto y credibilidad ministerial entre el pueblo de Dios.

Creo firmemente que la función del maestro ejercida correctamente llevará a la Iglesia de Cristo a lo que Dios quiso desde el principio que fuera. No tratemos de enseñar lo que no hemos aprendido.

BIBLIOGRAFÍA

Biblia Reina Valera (Revisión1960) Sociedades Bíblicas Unidas

Biblia del Diario Vivir (2000) Editorial Caribe

Biblia Nueva Versión Internacional (1979) Sociedad Bı´blica Internacional

Biblia de Estudio (2003) Casa Editoral Fundacion Biblica Lockman

Biblia Plenitud: (2000) Editorial Caribe

Biblia Nueva Traducción Viviente (2010) Tyndale House Foundation

Comentario Bíblico del Evangelio de Marcos Editorial Caribe

Diccionario Strong (2002) Editorial Caribe

González, Justo L., La Era de Los Mártires Tomo 1, Editorial Caribe

Nuevo diccionario Biblico (2000) Sociedades Bıʹblicas Unidas

Nuevo diccionario de la Biblia(1999) Editorial Unilit.

Nuevo Diccionario Bíblico (1982) Ediciones Certeza

Nuevo Diccionario de la Biblia (1999) Editorial Unilit

Strong James, Concordancia Exhaustiva de La Biblia, Editorial Caribe

The Complete Word Study Bible & Reference

Vine Diccionario Expositivo (1999) Editorial Caribe

Wagner, Peter C., Apóstoles En La Iglesia De Hoy, Editorial Peniel

DISFRUTE DE OTROS LIBROS POR EL DR. VICTOR M. SANABRIA

"HIJOS DE LA PIEDRA"

Abraham, Isaac, Jacob y José son los protagonistas principales en el desarrollo del plan Divino de redención. Si bien es cierto, que estos hombres componen una dinastía única y especial; como hombres ilustres y memorables de una misma estatura que cambiaron el mundo y traspasaron los límites naturales para establecerse y merecer pertenecer al salón de la fe. También Dios se valió de hombres y mujeres comunes quienes por causa del llamado Divino se convirtieron en especiales.

El Rev. Dr. Víctor M. Sanabria revela poderosas verdades de la Palabra que le impartirán conocimiento del obrar del Alfarero en los vasos predestinados para contener Su gloria.

El autor presenta de manera simple y profunda el propósito Divino revelado por el Espíritu Santo en el proceso de transformación en pos del cumplimiento profético.

Atrévase a viajar a través de las Escrituras y conozca cuánta semejanza se halla en la vida de los Patriarcas con la nuestra, en las manos de Dios. Como descendientes del padre de la fe, Abraham, contenemos su misma genética, porque piedra produce piedra. Esto significa que, las generaciones nacidas bajo el pacto de Dios reciben el nombre de: Hijos de la Piedra.

"TOMANDO EL TORO POR LOS CUERNOS"

Vale la pena destacar que el Dr. Sanabria devela en este libro el deseo que Dios tiene, respecto a las finanzas, para cada uno de sus hijos. El tema planteado por el Dr. Sanabria ha sido, y seguirá siendo un contenido muy controversial, sin embargo él lo desarrolla de una forma muy convincente, de manera que nos lleva por un viaje, sin igual, a través de las infalibles Escrituras, para lograr así su objetivo primordial, el cuál es demostrar, sin lugar a dudas, que Dios nos quiere viviendo bajo la cultura de contado o sea, sin deudas y prosperados. Siendo deudores solo de amor.

El expone en su libro aspectos poco explorados en este campo, como es el hecho de compartir una gran verdad respecto a que: "La deuda se puede considerar un espíritu maligno cuyo objetivo es impedir que cumplamos el plan de Dios". Tomado literalmente de su libro. Es por este y muchos aciertos más que recomiendo que cada lector se dé a la tarea de instruirse a través de la lectura de cada una de las líneas de este libro.

CPSIA information can be obtained at www.ICGtesting.com
Printed in the USA
BVOW021105270613

324492BV00001B/1/P